Lesel

Unterrichtswerk für die Mittelstufe
von Günther Hasenkamp

Max Hueber Verlag

Materialübersicht

Leselandschaft

Leselandschaft 1	164 Seiten	ISBN 3-19-007235-3
Leselandschaft 1		
Grammatisches Arbeitsbuch	116 Seiten	ISBN 3-19-017235-8
Leselandschaft 2	228 Seiten	ISBN 3-19-007236-1
Leselandschaft 2		
Grammatisches Arbeitsbuch	116 Seiten	ISBN 3-19-017236-6
Lehrerhandbuch		
zu Band 1 und 2	144 Seiten	ISBN 3-19-027235-2

Hörfelder

Aufgabenbuch	176 Seiten	ISBN 3-19-007237-X
3 Kassetten	Laufzeit 220 Min.	ISBN 3-19-017237-4
4 CDs	Laufzeit 220 Min.	ISBN 3-19-027237-9

 Dieses Werk folgt der seit dem 1. August 1998 gültigen Rechtschreibreform. Ausnahmen bilden Texte, bei denen künstlerische, philologische
oder lizenzrechtliche Gründe einer Änderung entgegenstehen.

€   4. 3. 2.   Die letzten Ziffern bezeichnen
2006 05 04 03   Zahl und Jahr des Druckes
Alle Drucke dieser Auflage können, da unverändert, nebeneinander
benutzt werden.
1. Auflage
© 2002 Max Hueber Verlag, D-85737 Ismaning
Umschlaggestaltung: Peer Koop unter Verwendung einer
Grafik von Ralf Meyer-Ohlenhof
Layout: Peer Koop
Druck: Ludwig Auer GmbH, Donauwörth
Printed in Germany
ISBN 3–19–007235–3
(früher erschienen im Verlag für Deutsch ISBN 3–88532–758–9)

Leselandschaft

Was ist *Leselandschaft*?
Leselandschaft ist ein Unterrichtswerk für *Deutsch als Fremdsprache* auf Mittelstufenniveau in zwei Bänden.

Was bietet *Leselandschaft*?
Leselandschaft bietet Texte, Übungen und Aufgaben zum
– Leseverstehen,
– Wortschatz,
– Sprechen und
– Schreiben.
Das Unterrichtswerk ermöglicht fortgeschrittenen Lernern einen progressionsorientierten Spracherwerb in den Bereichen:
– Training des **Leseverstehens** durch Lesestrategien;
– Erwerb von thematisch strukturiertem **Wortschatz**;
– Systematisierung und Anwendung von **Redemitteln**;
– **Bildbeschreibungen**;
– **Schreibtraining** in verschiedenen Textsorten;
– **Sprechtraining** (Gesprächssituationen und Argumentation).

Was ist charakteristisch für dieses Buch?
Leselandschaft ist in kleine, überschaubare Einheiten gegliedert. Dadurch bleiben die Lernschritte Lehrer wie Lerner stets transparent. In den Lerneinheiten finden sich:
– authentische Texte;
– Texte zu verschiedenen Themen;
– Texte unterschiedlicher Textsorten;
– vielfältige Wege in diese Texte hinein und durch sie hindurch;
– variationsreiche Aufgaben zu thematisch strukturiertem Wortschatz;
– systematisch zusammengestellte Redemittel und Anwendungsaufgaben;
– Bilder zum Sprechen;
– reale Gesprächs- und Schreibanlässe.

Warum der Titel *Leselandschaft*?
Schilder, Gebrauchsanweisungen, Zeitungsartikel, Postkarten, E-Mail-Botschaften, Berichte, Analysen, das Kleingedruckte auf dem Busfahrschein – wir sind umgeben von „Texten", stündlich und täglich, in der Muttersprache wie in der Fremdsprache (je nachdem, wo wir leben). Wer sich in dieser „Landschaft" von Texten darauf vorbereitet, mit einer fremden Sprache zu leben, macht leichte Spaziergänge, geht Irrwege und lehrreiche Pfade, durchquert manche Ebene mühsam, sieht schwer zu nehmende Gipfel, Hindernisse und Abkürzungen, die Flora und Fauna des Wegrandes, genießt Ausblicke und ... findet unschwer viele Analogien.

An wen richtet sich *Leselandschaft*?
Leselandschaft spricht alle Lerner an, die die Grundstufe abgeschlossen haben (Zertifikat Deutsch als Fremdsprache mit gutem Erfolg) und die sich beispielsweise auf die neue Zentrale Mittelstufenprüfung (ZMP) des Goethe-Instituts vorbereiten wollen.

Wie ist das Buch aufgebaut?
Leselandschaft 1 enthält 10 Einheiten mit jeweils einem thematischen Schwerpunkt:
– Reisen,
– Lesen,
– Heimat,
– Landleben,
– Leben in der Stadt,
– Frauen und Männer,
– Umwelt,
– Alltag,
– Geschichte.
Innerhalb einer Einheit sind die Texte und Aufgaben zu den Blocks
– Leseverstehen,
– Wortschatz,
– Redemittel,
– Bildbeschreibung,
– Schreiben,
– Diskussion
zusammengefasst. Oben rechts auf jeder Seite zeigt der Wegweiser dem Lerner, wo im Lernstoff er sich gerade befindet.

Es empfiehlt sich, die Einheiten 1–10 in der vorgegebenen Reihenfolge im Unterricht zu behandeln. Nicht nur, weil in der ersten Einheit alle drei „Lesestrategien" (s.u.) thematisiert werden und damit auf die folgenden Einheiten vorbereitet wird, sondern weil auch die Texte länger und komplexer und die Aufgaben immer schwieriger werden.

Wie kann ich als Lerner mit diesem Buch arbeiten?
Übungen und Aufgaben zeigen Ihnen, um welche Lernziele es jeweils geht. Wenn Sie zu Hause den Lernstoff nacharbeiten wollen, können Sie die Aufgaben mit Hilfe der Lösungen und Hinweise im Anhang bearbeiten.

„Lesestrategien" – warum?
Mancher Lesetext dieses Buches wird mit einer Situationsbeschreibung eingeleitet („Nehmen wir an, dass ..."). Denn wir entscheiden stets in einer konkreten Situation, warum wir einen Text überhaupt lesen wollen bzw. müssen:
– Weil wir uns einen Überblick über die wesentlichen Informationen verschaffen wollen?
– Weil wir eine bestimmte Information darin suchen?
– Weil wir ihn Wort für Wort verstehen wollen?

Die Strategien, mit denen sich solche Leseinteressen realisieren lassen, sind
– kursorisches Lesen: das Erkennen der Hauptinformationen (z.B. bei der Durchsicht eines Zeitungsartikels);
– selektives Lesen: das Finden bestimmter Informationen (z.B. in einem Fahrplan);
– totales Lesen: das detaillierte Verstehen Wort für Wort.

Leselandschaft übt den Umgang mit diesen Lesestrategien.

Welche Textsorten enthält das Buch?
Unter anderem Zeitungsmeldungen, Berichte, Geschäftsbedingungen, Gedichte, Satiren, O-Ton-Texte, ein zusammengefasstes Interview, Forschungsüberblicke, Reportagen, einen Romanauszug.

Was ist der Unterschied zwischen Aufgaben zum Wortschatz und zu den Redemitteln?
Aufgaben zum Wortschatz beschäftigen sich mit der Thema-Lexik, also jenen Wörtern und Wendungen, die man kennen muss um über ein bestimmtes Thema (z.B. „Umwelt") sprechen bzw. schreiben zu können.
Redemittel dagegen sind sprachliche Mittel, die man in den unterschiedlichsten Situationen verwenden kann (z.B. „vorschlagen", „seine Meinung ausdrücken", „beraten" u.a.m.).

Was für Schreibaufgaben gibt es?
Leselandschaft 1 enthält Schreibaufgaben in den Schritten *Planen, Formulieren, Überarbeiten* zum persönlichen Brief, zum formellen Brief, zu Zusammenfassungen, Stellungnahmen, Erörterungen, Darstellungen u.a.m.

Was bietet das Buch zum Sprechtraining an?
Bilder, die Anlass zur Besprechung eines Themas und seiner Aspekte bieten.
Diskussionsvorgaben, d.h. Beschreibungen von Sachverhalten, Situationen und Ereignissen, die unter verschiedenen Gesichtspunkten von einer Lerngruppe analysiert, strukturiert und bewertet werden können.

Für wie viele Unterrichtseinheiten bietet dieses Buch Material?
Für 60–75 Unterrichtseinheiten – je nach Gruppe, nach Vorkenntnissen und Interessenlagen – enthält Leselandschaft 1 Lernangebote in den beschriebenen Unterrichtsbereichen.

Lösungen und Hinweise zu den Texten und Aufgaben finden sich am Ende dieses Bandes.

Inhalt

Nach Paris?

1 Vor ein paar Jahren wurde der Schlager *Mit dem Taxi nach Paris* von den deutschen Radiosendern so lange gespielt, bis ihn niemand mehr hören konnte. Er handelt von der etwas verrückten Idee, eines Tages, wenn man alles nicht mehr sehen kann, einfach mit dem Taxi ...
Nehmen wir etwas realistischer an: Es ist Montagabend, irgendwann im Februar. Sie sind eben nach Hause gekommen und fühlen sich schon wieder absolut urlaubsreif. Da finden Sie in der Zeitung den Artikel „Nachts nach Paris".
Paris? Oder vielleicht irgendwo anders hin? Ihr Entschluss steht fest: Sie werden das Wochenende in irgendeiner großen europäischen Stadt verbringen. Die neuen Schlafwagenverbindungen der Bahn kommen Ihnen gerade recht.
Leider können Sie am Freitagabend nicht vor einer bestimmten Zeit am Bahnhof sein. Am Montag sollten Sie ebenfalls um eine bestimmte Zeit zurück sein. Und schließlich: Am Sonntagabend wollen Sie sich natürlich möglichst spät auf den Heimweg begeben.

Suchen Sie im Text gezielt nach Zugverbindungen, die unter den folgenden Alltagsbedingungen für Sie in Frage kommen.

Variante A
Sie wohnen in München, können am Freitag nicht vor 20.00 Uhr am Bahnhof sein und müssen am Montagmorgen spätestens gegen halb acht wieder am Münchener Bahnhof sein.

Mögliche Zugverbindungen:

_____

_____

Variante B
Sie wohnen in Hamburg, können am Freitag erst ab 21.30 Uhr los und dafür bis Montagmittag bleiben.

_____

Mögliche Zugverbindungen:

_____

_____

Variante C
Sie wohnen in Dortmund und können am Freitag ab 19.00 Uhr verreisen;
Montagmittag ist es noch früh genug, wieder zurück zu sein.

Mögliche Zugverbindungen:

_____

_____

Nachts nach Paris

Mit neuen Direktverbindungen für Schlaf- und Liegewagen hat die Bundesbahn ihren Nachtreiseverkehr verbessert. Nicht nur in den Süden bis Neapel oder Athen rollen die Züge, sondern jetzt auch nach Prag und Bratislava.

So fährt beispielsweise der D 260 von München über Stuttgart nach Paris: Er verlässt die bayerische Hauptstadt um 21.05 Uhr und trifft um 6.44 Uhr in der Seinemetropole ein (in umgekehrter Richtung: Abfahrt mit dem D 261 um 22.30 Uhr, Ankunft um 8.50 Uhr.)

Verbessert wurde auch die Verbindung von Dortmund nach Paris: Der D 242 geht um 22.42 Uhr ab Dortmund und erreicht sein Ziel um 6.25 Uhr; der Rückzug (D 243) startet um 23.12 Uhr und kommt um 7.28 Uhr an.

Wer von Dortmund aus nach Meran reisen möchte, kann jetzt mit dem Zugpaar D 1122/1123 durch die Nacht fahren (ab Dortmund um 19.55 Uhr, an Meran um 10.17 Uhr / ab Meran um 19.04 Uhr, an Dortmund um 10.10 Uhr). Ebenfalls über den Brenner geht's neuerdings im Liege- und Schlafwagen von München über Rom nach Neapel: Der D 287 verlässt München um 20.30 Uhr und rollt um 10.57 in Neapel ein; retour fährt der D 286 um 18.48 ab Neapel und erreicht sein Ziel um 8.31 Uhr.

Eine neue Schlaf- und Liegewagenverbindung wurde auch zwischen Dänemark und der Schweiz eingerichtet – von Kopenhagen über Frankfurt nach Basel fahren die Züge D 483/358 (ab Kopenhagen 19.05 Uhr, an Basel-SBB 11.34 Uhr) und D 359/482 (ab Basel-SBB 17.33 Uhr, an Kopenhagen 9.25 Uhr).

Während der Weihnachtsferien und zur Osterzeit verkehrt der Nachtzug Kalman Imre (D 268/269) täglich zwischen München und Budapest (ab München 23.10 Uhr, an Budapest 8.08 Uhr / ab Budapest 21.00 Uhr, an München 5.50 Uhr), in der übrigen Zeit fährt er nur dienstags, sonnabends und sonntags.

Das ganze Jahr über rollen nachts Kurswagen mit dem Donau-Kurier (D 222/223) von Dortmund nach Wien (ab Dortmund 19.05 Uhr, an Wien 7.40 Uhr / ab Wien 22.30 Uhr, an Dortmund 10.59 Uhr).

Winterurlauber aus Norddeutschland gelangen nunmehr des Nachts schneller nach Kärnten: Der Kärnten-Express (D 1299/1298) verlässt Hamburg-Altona um 19.48 Uhr und erreicht Villach um 9.14 Uhr. Er ist damit anderthalb Stunden schneller als die anderen Nachtzüge (in umgekehrter Richtung: ab Villach 20.26 Uhr, an Hamburg-Altona 10.08 Uhr).

Der Liege- und Schlafwagen D 210/211 Attika, der Athen über Thessaloniki mit München verbindet, umfährt zur Zeit Ex-Jugoslawien. Seit April 1992 befördert er auch wieder Autos ab München-Ost.

Neue Nachtverbindungen wurden auch in die Tschechische Republik und in die Slowakische Republik eingerichtet: So verlässt der D 353 den Frankfurter Hauptbahnhof um 23.29 Uhr und gelangt um 9.09 Uhr nach Prag; retour geht's mit dem D 352 um 20.40 Uhr, Ankunft in der Mainmetropole: 6.10 Uhr. Der Istropolitan (D 477/476) fährt von Hamburg über Leipzig, Dresden und Prag nach Bratislava (ab Hamburg-Altona 21.38 Uhr, an Bratislava 15.23 Uhr / ab Bratislava 12.00 Uhr, an Hamburg – Altona 6.30 Uhr.)

Eine gute Verbindung besteht nun nachts auch zwischen Aachen und Berlin mit dem Zugpaar D 244/245 (ab Aachen 22.01 Uhr, an Berlin-Zoo 6.43 Uhr / ab Berlin-Zoo 23.50 Uhr, an Aachen 8.35 Uhr.)

Neu geordnet wurde der Nachtverkehr von Süddeutschland aus in die Niederlande und nach Belgien: Die Züge von München nach Köln und weiter von Köln nach Ostende beziehungsweise nach Amsterdam (D 215/225 und D 214/224) sind jetzt als Bayern-Austria-Nachtexpress gekoppelt und ermöglichen Bahnreisenden eine durchgehende Verbindung von der bayerischen Hauptstadt an die Nordsee. Die Züge verlassen München um 22.07 Uhr und erreichen Ostende um 9.18 Uhr beziehungsweise Amsterdam um 8.58 Uhr. Um 20.30 Uhr ist Abfahrt Ostende, um 20.56 Uhr in Amsterdam; Ankunft in München: 7.27 Uhr.

2 Welche der folgenden Lesestrategien haben Sie in Übung 1 angewendet? Kreuzen Sie das Zutreffende bitte an.

kursorisches Lesen
Man erfasst lediglich die Hauptinformationen eines Textes. ☐

selektives Lesen
Man sucht im Text lediglich nach bestimmten Informationen, die man für irgendetwas braucht. ☐

totales Lesen
Man liest einen Text so intensiv, dass man ihn vollständig versteht. ☐

Überlegen und besprechen Sie gemeinsam, in welchen Situationen Sie die angewendete Lesestrategie gewöhnlich verwenden. Notieren Sie Ihre Ergebnisse.

_____

_____

_____

_____

_____

Bildbeschreibung

3   a)   Geben Sie diesem Bild einen Titel.
       b)   Beschreiben Sie die dargestellte Situation. Lassen Sie sich dabei
           von W-Fragen leiten (Wo?, Wann?, Wer?, Warum? …).
       c)   Gibt es ein ähnliches Photo – also eines von einer ähnlichen
           Situation – auch von Ihnen? Was ist darauf zu sehen?
           Was ist anders?

Schreiben

4   Heimweh hat fast jeder Mensch schon einmal verspürt. „Fernweh"
auch? Sammeln Sie mögliche Gründe für „Heimweh nach der Fremde":

-   Unzufriedenheit mit …
-   Langeweile, weil …
-   Neugier auf …

…

5   *Planen*
Nehmen wir an: Das „Fernweh" hat Sie gepackt. Da erinnern Sie sich an
eine(n) Freund(in), der/die an einem weit entfernten Ort lebt …

Formulieren
Nehmen Sie ein Blatt Papier zur Hand und schreiben Sie den
folgenden Brief.

Verwenden Sie alle vorgegebenen Sätze und Satzteile. Nicht vergessen: „du"/„dich"/ „dir"/„dein…" wird im persönlichen Brief klein geschrieben (siehe dazu Lösungsschlüssel).

…, den …

Liebe(r) …,

erinnerst du dich noch? Vor …

Momentan arbeite ich …

Aber hier …

Weißt du, was ich gern einmal machen würde? Also: …

Ich könnte mir gut vorstellen, dass wir beide …

Hättest du Lust dazu?

Ich würde mich freuen, wenn …

So viel für heute. Antworte bald!

Herzliche Grüße

…

Überarbeiten

Legen Sie Ihren Text einem Lernpartner/einer Lernpartnerin in der Gruppe vor. Lassen Sie sich jene Passagen zeigen, die nicht verständlich, ungenau, missverständlich oder unvollständig sind.
Lassen Sie sich aber auch das zeigen, was überzeugend, gut gelungen und gut geschrieben ist. Besprechen Sie gemeinsam, wie man den Text überarbeiten könnte, und schreiben Sie dann eine endgültige Fassung (ca. 250 Wörter).

Redemittel

6 Vorschläge und Reaktionen

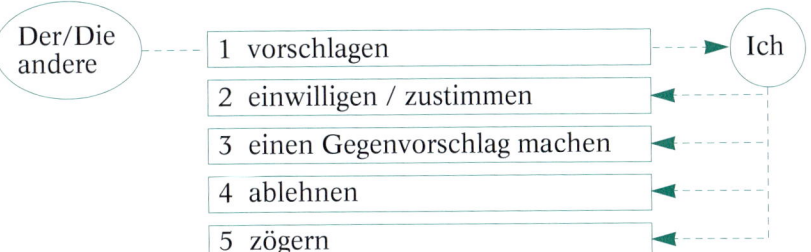

Welche Formulierungen kennen Sie um einen Vorschlag, eine Zustimmung, einen Gegenvorschlag, eine Ablehnung oder ein Zögern sprachlich zu realisieren?

7 Ordnen Sie passende Satzteile einander zu.

1	Ich würde gern	a	den Vorschlag machen, …
2	Ich hätte	b	einen Vorschlag machen.
3	Wir könnten	c	vorschlagen.
4	Wie wäre es	d	mit folgendem Vorschlag: …
5	Ich möchte etwas	e	einen Vorschlag.
		f	z.B. Folgendes tun: …
6	Toll		
7	Einverstanden	g	Vergnügen!
8	Das ist	h	gut an.
9	Mit	i	keine schlechte Idee.
10	Das hört sich	j	(damit).
11	Ich möchte einen Gegenvorschlag	k	denkbar, dass wir …?
12	Wir könnten auch	l	darüber nachdenken, ob …?
13	Eine andere Möglichkeit	m	Folgendes tun? Also: …
14	Wäre es nicht auch	n	wäre, dass wir Folgendes tun: …
15	Könnten wir nicht	o	machen.
16	Ich fürchte, das kommt	p	für (mich, uns …) nicht in Frage.
17	Da kann ich leider	q	dagegen.
18	Das halte ich nicht	r	nicht mitmachen.
19	Ich bin	s	für eine gute Idee.
20	Also, ich	t	nicht sagen.
21	Ich muss mir	u	sehen.
22	Ich kann das noch	v	weiß nicht.
23	Mal	w	das noch überlegen.

8 Legen Sie eine Tabelle mit fünf Spalten an:

Vorschlag	Einwilligung	Gegenvorschlag	Ablehnung	Zögern

Tragen Sie anschließend die Redemittel aus Übung 7 in die fünf obigen Rubriken ein.

9 Entwickeln Sie ein paar Urlaubsideen für

a) einen Bekannten, der täglich zehn Stunden im Büro sitzt;
b) eine Freundin, die bei Geschäftsreisen schon auf allen Kontinenten gewesen ist;
c) eine Familie mit fünf Kindern im Alter von zwei bis dreizehn;
d) Ihren Nachbarn / Ihre Nachbarin;
e) Ihren Chef / Ihre Chefin;
f) einen Freund, der ohne sein Surfbrett nicht leben kann;
g) (…)

Tragen Sie ein paar der Vorschläge vor, wo und wie die jeweilige(n) Person(en) ihren Urlaub vielleicht verbringen könnten.

10 Angenommen, jemand macht Ihnen den Vorschlag

1. an einer Abenteuerreise durch eine Wüste teilzunehmen.
2. drei Tage mit einem Fischkutter unterwegs zu sein.
3. auf den Spuren von Johann Wolfgang von Goethe nach Italien zu reisen.
4. im Januar zwei Wochen auf einer einsamen Insel zu verbringen.
5. den ganzen August am Meer zu verbringen.
6. mit Ihrer ehemaligen Schulklasse ein Wochenende in Ihrer Heimatstadt zu verbringen.
7. eine Urlaubsreise nur zu Fuß zu machen ohne dabei irgendein Verkehrsmittel zu benutzen.
8. auf Bärenjagd in entlegenen Gegenden zu gehen.
9. an einer Expedition auf einen Viertausendergipfel teilzunehmen.
10. in den Ferien an einem Computerkurs teilzunehmen.
(…)

Wie würden Sie darauf reagieren?

Leseverstehen

11 Manchmal ist es erforderlich, einen Text „total" – also Wort für Wort, in allen Einzelheiten – zu verstehen. Es hängt davon ab, welches Leseinteresse Sie jeweils haben. Beispiel: Sie wollen einen Mietvertrag für eine Ferienwohnung unterschreiben; vermutlich möchten Sie vorher sehr genau wissen, was Sie da unterschreiben.
Überlegen Sie, in welchen anderen Situationen „totales Lesen" erforderlich ist.

12 Nehmen wir nun an: Sie haben ein günstiges Flugticket für eine Wochenendreise (nach Paris?) erworben. Abends nehmen Sie das Ticket zur Hand und lesen den Aufkleber auf dem Umschlag:

> Sie reisen zu einem Sonderflugpreis, für den gewisse Einschränkungen gelten. Wenn Sie eine Buchung vornehmen oder eine vorhandene ändern möchten, weisen Sie bitte auf den Sonderflugpreis hin. Werden die Bedingungen des Sonderflugpreises nicht eingehalten, können Ihnen Zusatzkosten entstehen und/oder ist Aufzahlung auf einen höheren Flugpreis erforderlich. Einige Sonderflugpreise sehen vor, dass bei Änderung oder Abbestellung der Reise eine Gebühr zu zahlen bzw. die Erstattung des gesamten Flugpreises ausgeschlossen ist.
>
> Vielen Dank

Lesen Sie den Text Wort für Wort und entscheiden Sie dann, ob Sie das so im Text gelesen haben oder nicht. (R = richtig; F = falsch bzw. steht so nicht im Text):

1. Weil Sie zu einem Sonderflugpreis reisen, müssen Sie bestimmte Bedingungen einhalten. ☐R☐F
2. Sie müssen beim Einsteigen darauf hinweisen, dass Sie zu einem Sonderflugpreis reisen. ☐R☐F
3. Wenn Sie Ihren Reisetermin ändern wollen, müssen Sie auf den Sonderflugpreis hinweisen. ☐R☐F
4. Wenn Sie etwas ändern wollen, kann es sein, dass Sie zuzahlen müssen. ☐R☐F
5. Wenn Sie die Reise rechtzeitig absagen, können Sie den Flugpreis erstattet bekommen. ☐R☐F
6. Bei Abbestellung der Reise ist unter Umständen eine Gebühr zu zahlen. ☐R☐F
7. Der Sonderflugpreis gilt nur für die Hin-, nicht für die Rückreise. ☐R☐F
8. Der Sonderflugpreis gilt nur, wenn mehr als eine Person reisen. ☐R☐F

13 Setzen Sie die Wörter aus der Randspalte (in der passenden Form) ein.

e Einschränkung, -en
e Buchung, -en
e Bedingung, -en
die Kosten
r Preis, -e

ändern
gelten für
vornehmen
hinweisen auf
einhalten
entstehen bei
erstatten

Bei einer Reise entstehen in jedem Fall _____(1) – es sei denn, man geht zu Fuß. Immer mehr Reisende benutzen das Flugzeug, aber kaum jemand, der eine Buchung _____(2), versteht die Tarife. Für günstige Tickets gelten oft besondere _____(3), die man unbedingt _____(4) muss, z.B. dass man über ein Wochenende verreisen muss oder nach der _____(5) das Ticket nicht mehr ändern lassen kann oder dass bei einem Rücktritt von der Reise der _____(6) nicht _____(7) wird.

14 Fragen an das Reisebüro *Paradies*

Wenden Sie noch einmal die Wörter aus der Randspalte an. Wenn Sie dies mündlich tun wollen, inszenieren Sie ein Gespräch zwischen Kunden bzw. Kundin und Reisekaufmann/-frau über

– eine Flugreise nach …;
– den Zeitpunkt der Buchung;
– ggf. besondere Bedingungen, die zu beachten sind;
– Änderungen der Buchung;
– Flugpreiserstattung.

Wenn Sie dies schriftlich machen möchten, ergänzen Sie bitte das folgende Fax.

Telefax von:

an:
Reisebüro Paradies

Seitenzahl (inkl. Erstblatt):   1 Seite   … 19..

Flugreise nach …

Sehr geehrte Damen und Herren,
wir interessieren uns …

Im Voraus herzlichen Dank.
Mit freundlichen Grüßen

…

Wortschatz

15   Wortfamilie *Reisen*

	abenteuer	Auto-		
	andenken	Bahn-		
	apotheke	Bus-		
	bekanntschaft	Flug-		
	bericht	Schiffs-		
	büro	Bildungs-		
	erlebnis	Dienst-		
	fieber	Entdeckungs-		
	führer	Ferien-	ab-	
Reise-	gruppe	Forschungs- **reise**	an- **reisen**	
	leiter	Geschäfts-	ver-	
	lust	Hochzeits-		
	proviant	Pilger-		
	route	Urlaubs-		
	veranstalter	Vergnügungs-		
	vorbereitung	Vortrags-		
	welle	Gruppen-		
	wetterbericht	Auslands-		
	ziel	Europa-		
		Welt-		

a) In einigen Komposita mit „Reise-" bzw. „-reise" erscheint an der Trennstelle zwischen den beiden zusammengesetzten Wörtern ein „s", z.B. in dem Wort „Schiffsreise". Dies ist das sogenannte „Fugen-s".
Markieren Sie dieses Fugen-s in den obigen Wörtern. Markieren Sie es auch künftig, wenn es in einem für Sie neuen Wort vorkommt.

b) Die obigen Komposita sind aus dem Bestimmungswort und dem Grundwort zusammengesetzt. Zum Beispiel „Reiseabenteuer". Das zusammengesetzte Wort besteht aus „die Reise" und „das Abenteuer". Der Artikel richtet sich nach dem Grundwort. Es muss also heißen: „das Reiseabenteuer, -".
Versehen Sie die obigen Komposita mit dem richtigen Artikel und bilden Sie auch die Pluralform.

c) Ergänzen Sie diese Wortfamilie und übertragen Sie die Wörter, die Sie lernen möchten, in Ihr persönliches Wörterheft.

d) Begriffe-Quiz: Beschreiben Sie den Inhalt eines der Wörter, ohne das Wort selbst zu nennen. Wer das richtige Wort errät, macht weiter.

Redemittel

16 Im Vergleich

Das folgende Schaubild gibt Ihnen Informationen darüber, wie 1991 die Reisepläne der Deutschen aussahen.

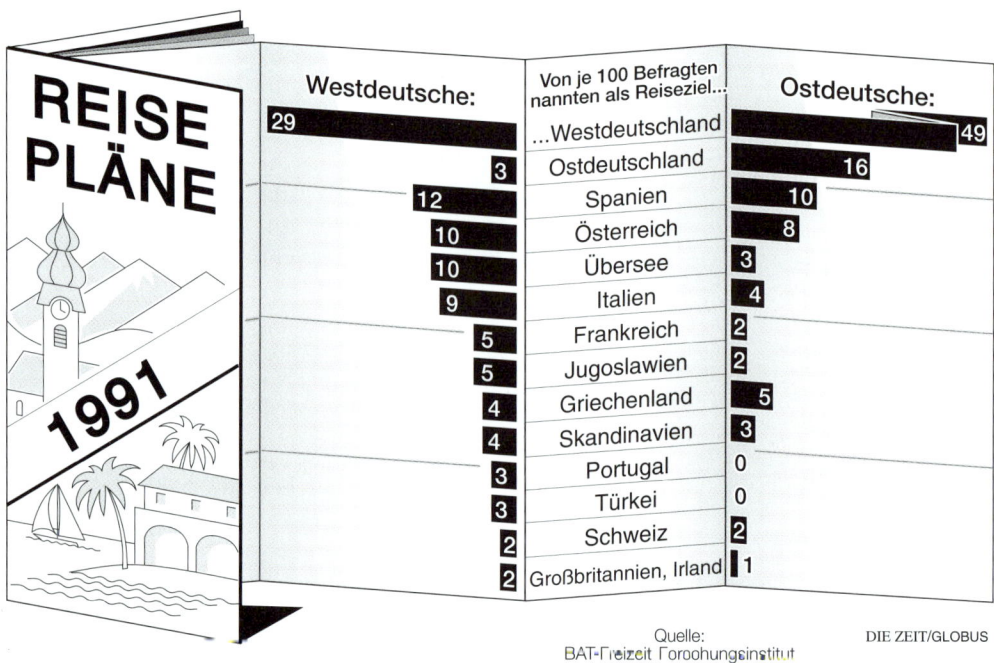

REISE PLÄNE 1991

Westdeutsche:	Von je 100 Befragten nannten als Reiseziel...	Ostdeutsche:
29	...Westdeutschland	49
3	Ostdeutschland	16
12	Spanien	10
10	Österreich	8
10	Übersee	3
9	Italien	4
5	Frankreich	2
5	Jugoslawien	2
4	Griechenland	5
4	Skandinavien	3
3	Portugal	0
3	Türkei	0
2	Schweiz	2
2	Großbritannien, Irland	1

Quelle:
BAT-Freizeit-Forschungsinstitut   DIE ZEIT/GLOBUS

Richtig oder falsch?[1]

Mehr / Die meisten

1. Mehr Westdeutsche als Ostdeutsche nannten Ostdeutschland als Reiseziel.   R F
2. Die meisten Westdeutschen wollten ins Ausland.   R F
3. Mehr Ostdeutsche als Westdeutsche wollten nach Spanien fahren.   R F

Ebenso viele

4. Ebenso viele Westdeutsche wie Ostdeutsche fahren gern nach Skandinavien.   R F

---

[1] Relativ gesehen, jeweils im Verhältnis der Befragten.

Nicht so viele

5. Nicht so viele Ostdeutsche wie Westdeutsche buchten eine
Reise in die Schweiz.   R F

Wesentlich / Deutlich / Erheblich mehr

6. Wesentlich mehr Westdeutsche als Ostdeutsche planten
einen Urlaub in Ostdeutschland.   R F

Wesentlich / Deutlich / Erheblich weniger

7. Erheblich weniger Ostdeutsche als Westdeutsche fuhren
nach Österreich.   R F

Kaum jemand

8. Kaum jemand aus Ostdeutschland interessierte sich
für Spanien.   R F

Im Vergleich zu

9. Im Vergleich zu den Ostdeutschen fuhren mehr Westdeutsche nach Übersee.   R F

Im Unterschied zu

10. Im Unterschied zu den Westdeutschen blieben die
Ostdeutschen lieber in den eigenen Landstrichen.   R F

17 Versuchen Sie nun einige Aussagen über Reisepläne zu machen, die man
in Ihrem Heimatland hat; vergleichen Sie sie mit den genannten Reiseplä-
nen der Deutschen. Verwenden Sie dafür die aufgelisteten Redemittel.

Leseverstehen

18 Lesestrategien: Unter „kursorischem Lesen" versteht man das Erkennen
von Hauptinformationen eines Textes; es ist also in diesem Fall nicht
nötig, alle Einzelheiten eines solchen Textes zu verstehen und/oder zu
notieren.
Wir lesen viele Texte kursorisch: Weil wir zu wenig Zeit haben, weil wir
(in einem fremdsprachlichen Text oder einem muttersprachlichen Sachtext) nicht jedes Wort kennen, weil uns die wesentlichen Informationen
schon genug sind usw. Überlegen Sie sich ein paar Situationen, in denen
Sie „kursorisch" lesen.

19 Sehen Sie sich den Titel, den Untertitel,
die Abbildung und den Text dazu an. Sie
können nun vielleicht schon sagen,

a) was ein „Elch" ist:

_____

b) was mit „Phantom" gemeint ist:

_____

c) womit die „Geheimnisse" zu tun haben:

_____

d) was unter „Herden" zu verstehen ist:

_____

e) Überlegen Sie auch, was mit „Jägerlatein" gemeint sein könnte;
eine moderne Fremdsprache ist es jedenfalls nicht:

_____

Bei den Elchen im schwedischen Värmland:
Einem Phantom auf der Spur

Es gibt Geheimnisse auf dieser Welt
von Dietmar Bittrich

Der König der nordischen Wälder:
In Westschweden soll es noch große
Herden geben. Alles nur Jägerlatein?

---

20   Hypothesen helfen lesen

Es ist hilfreich, während des Lesens Hypothesen (Vermutungen, Ideen, Spekulationen) darüber zu entwickeln, wie es weitergeht. Wir benutzen dazu unser „Weltwissen", das wir mitbringen, aber auch Informationen aus dem Text. Probieren Sie es aus. Lesen Sie nur bis zum * und decken Sie den Rest des Textes mit einem Blatt Papier oder einem Lesezeichen ab.

A   Das Värmland ist eine wundersame Landschaft im Westen Schwedens. Es gibt dort glasklare Seen und unermessliche Wälder, reine Luft und Stille, hölzerne Häuschen, die sich im Wasser spiegeln, kleine bunte Städte mit vielen freien Parkplätzen. Es gibt keine Industrie, wenig Verkehr und auch nicht sonderlich viele Menschen. Aber es gibt viele, viele Elche. Das wird jedenfalls behauptet und bis jüngst habe ich es auch geglaubt.

Decken Sie die folgenden Textteile ab. Wie geht es weiter?

Der Autor wird auf seiner Reise erfahren, dass die Elche langsam aussterben.   [A]
Es gibt gar keine Elche.   [B]
Es ist erfolglos, Elche zu jagen.   [C]
…   […]

*

B   Jawohl, im Värmland leben erheblich mehr Elche als Menschen, sagte man mir im Reisebüro. Die Menschen seien sehr humorvoll, die Elche jedoch nicht. Mit warnendem Unterton wurde ich davon in Kenntnis gesetzt, wie ich mich zu verhalten hätte, falls ich auf freier Wildbahn einem Elch begegnete: ruhig, sehr ruhig. Vor allem eine Elchmutter, die ihre Jungen hütet, könne beim Anblick eines Touristen ziemlich böse werden. Es habe schon Fälle gegeben, da hätten Elche die Autos neugieriger Touristen mit dem Geweih so misshandelt, dass nicht einmal mehr das Fabrikat zu erkennen war.

Decken Sie die folgenden Textteile ab. Wie geht es weiter?
Wie begründen Sie Ihre Entscheidung?

Weitere Unfälle mit Elchen.   [A]
Der Autor hat einen Unfall mit Elchen.   [B]
Der Autor wird neugierig auf Elche.   [C]
…   […]

*

C Ich hatte ein entlegenes Hotel in Eda Brunn gebucht. Von Karlstadt aus fährt ein Bus der Älg-Linien (das heißt Elch) bis zum Ufer eines großen Sees. Dort holte mich der Hotelwirt mit dem Boot ab. Es tuckerte gemächlich übers Wasser und dann einen schmalen Fluss hinauf. Der Wirt zeigte auf plattgetretene Stellen am Ufer: „Da kommen jeden Abend die Elche und trinken!" Je näher wir dem Hotel kamen, desto abgetretener wirkte das Ufer. „Hier müssen ja ganze Herden kommen!" staunte ich. Er winkte lässig ab: „Sie in Deutschland halten Elche für etwas Besonderes, das hängt wohl mit diesem Möbelhaus (das mit einem Elch-Motiv Reklame macht) zusammen. Aber wir hier in Värmland sind froh, wenn mal ein Tag ohne Elch vergeht."

Über dem Hoteleingang prangte ein Elchgeweih. Ein Elch lächelte vom hauseigenen Prospekt. Als Andenken aus Plastik stand er in der Vitrine. Als Anstecknadel war er in Gold, Silber und Bronze zu haben. Es gab kaum eine Postkarte, auf der nicht ein Elch freundlichst seine Zähne bleckte.

Das Eda Brunn Hotel liegt auf einer Anhöhe, zur einen Seite mit Blick auf einen See, zur anderen mit Sicht auf Wiese und Wald. Ich spähte angestrengt in die Dämmerung. Zu Hause über dem Sofa habe ich ein ererbtes Gemälde. Es zeigt einen Hirsch, der majestätisch auf einer Lichtung steht und in den Abend röhrt. Man sieht seinen Atemhauch. Hier also würde ich diese meine Lieblingsszene in Wirklichkeit sehen, und das mit einem königlichen schwedischen Elch. Doch an diesem Abend wurde nichts daraus. Statt dessen bat der Wirt zu einem Willkommensimbiss. Es gab Elchschinken. Ich schmeckte keinen bedeutenden Unterschied zu Schweineschinken. Aber es war doch etwas Besonderes.

Am anderen Tag spazierte ich zum See hinunter. Der Wirt warnte: „Falls Sie Boot fahren wollen – jetzt um die Mittagszeit kann nichts passieren. Aber wenn Sie abends immer noch draußen sind, Vorsicht! Die Elche gehen manchmal tief ins Wasser und tauchen dann plötzlich prustend vor Ihnen auf! Dass Sie nur nicht vor Schreck über Bord kippen!" Ich ließ mich bis zur Dämmerung übers Wasser treiben. Es blieb still. Einmal meinte ich, ein verdächtiges Rauschen am Ufer zu hören. Etwas später erschrak ich, als ein Fisch aus dem Wasser schoss; aber er tauchte gleich wieder ein. Na gut, dachte ich, offenbar baden die Elche an diesem Abend in einem anderen See. Im Hotel gab es Elchpastete. Am folgenden Tag sagte der Wirt: „Ihre Landsleute sind leider abgereist. Sie waren mit dem Auto hier und wollten eigentlich noch eine Woche bleiben." „Und?" „Jaha! Sie hätten deren Auto heute Morgen sehen sollen! Die beiden wollten gestern Abend die Straße nach Arvika fahren und da stand plötzlich ein Elch im Weg. Sie hupten, blinkten, ließen den Motor aufheulen. Er wollte nicht weichen. Im Gegenteil! Er kam auf das Auto zu!" „Das ist ja unheimlich!" „Allerdings! Denn als die beiden zurücksetzen wollten, stand hinter dem Auto ebenfalls ein Elch. Sie waren sozusagen eingekreist."

„Vermutlich Elchkühe, die ihre Jungen hüten wollten", warf ich fachmännisch ein. „Wahrscheinlich", sagte der Wirt. „Denn die waren sehr aggressiv. Sie stießen mit dem Geweih gegen das Auto, immer wieder, und als sie endlich davon abließen, war der Wagen demoliert. Man konnte kaum noch das Fabrikat erkennen". Das kam mir irgendwie bekannt vor: „Kann es sein, dass ich diese Geschichte schon mal gehört habe?" „Vielleicht eine ähnliche", sagte der Wirt. „Es kommt ja immer wieder vor."

Ich kaufte Postkarten mit Elchen und schrieb nach Hause, was hier alles zu erleben war. Abends gab es verschiedene Sorten Elch-Wurst.

Decken Sie die folgenden Textteile ab. Wie geht es weiter?

Der Wirt erzählt weitere typische Elch-Geschichten.   A

Der Autor erlebt seine erste Elch-Begegnung.   B

Der Autor hat genug von Elchen.   C

...   ...

*

D Am folgenden Morgen sagte der Wirt: „Das war ja was heute Nacht, wie?! Haben Sie denn bei dem Lärm schlafen können?" „Was war denn los? Streit unter den Gästen?" „Na, Sie sind ja einer! Eine ganze Elchherde ist hier durchgezogen, direkt am Hotel vorbei, und Sie schlafen?" Ich biss mir auf die Lippen. Tatsächlich habe ich einen beneidenswert festen Schlaf. Diesmal war mir das zum Nachteil geraten. Zum Dinner wurden diesmal Elchmedaillons gereicht.

Ich habe an den anderen Abenden noch weitere Köstlichkeiten der värmländischen Küche probiert: Elch-Consommé, Elch-Steak, Elch-Hack, zu Buletten geformt, Filetspitzen vom Elch und einen handfesten Elchbraten. Es hätte genauso Hasenbraten sein können, ehrlich gesagt: auch falscher Hase. An keinem Tag aber und in keiner Dämmerung habe ich einen kompletten, lebenden, unverarbeiteten Elch zu Gesicht bekommen. Stattdessen berichtete mir der Wirt beharrlich, wer wo am vergangenen Tag Elche gesehen hatte, wer von ihnen eingekreist, in Schach gehalten oder angewiehert worden war.

Als er mir wenige Tage vor meiner Abreise Elch-Klößchen servierte, verspürte ich einen Anflug von Unbeherrschtheit. „Darf ich offen sein?" Er wusste sofort Bescheid und hob beschwichtigend die Hände. „Okay, okay! Ich habe bereits mit dem hiesigen Jäger gesprochen. Sie dürfen morgen mit ihm auf die Pirsch gehen."

Decken Sie die folgenden Textteile ab. Wie geht es weiter?
Stellen Sie selbst eine Hypothese auf:

...

*

E (Wir überspringen hier einige Zeilen, in denen der Autor davon berichtet, wie auch die Elchpirsch erfolglos blieb.)

Und schließlich habe ich mich sehr gut erholt im Värmland. Es war still und voller Natur. Und ich meine auch bemerkt zu haben, warum die Menschen dort als besonders humorvoll gelten. Bevor ich von Karlstadt aus zurückfliegen konnte, hatte ich noch ein paar Stunden Aufenthalt. Am Informationsschalter erkundigte ich mich nach städtischen Sehenswürdigkeiten. Man empfahl mir den Zoo. Gute Idee! Wenn es mir schon nicht vergönnt war, einen Elch in freier Wildbahn zu erleben, würde ich ihn eben hier durchs Gitter fotografieren.

(Wir überspringen auch diesen Abschnitt.)

Decken Sie die folgenden Textteile ab. Die nächste Szene spielt im Flughafen, so viel sei schon verraten. Wie geht die Geschichte zu Ende?

*

F Im Flughafen-Restaurant gab es keine Speisekarte. „Darf es Elchbraten sein?" fragte der Kellner. Ich bestellte. Etwas anderes wäre inzwischen wohl auch zu fremd für meinen Magen gewesen. Ich beäugte das Fleisch. Ich probierte. Es schmeckte anders als alles, was ich in den vergangenen Tagen gegessen hatte. Der Kellner beobachtete mich. „Was ist das?" fragte ich. „Elchfleisch." „Das glaube ich nicht." „Doch, das ist reines Elchfleisch. Und ganz frisch." „Nein." Er holte den Geschäftsführer. Ich lehnte mich zurück. Ich fühlte mich stark. Ich hatte mich gut erholt. Der Geschäftsführer war überaus höflich. „Mein Herr, ich verbürge mich dafür, dass dies reines Elchfleisch ist und selbstverständlich frisch. Sie sind am Flughafen! Frischer können Sie es nun wirklich nicht bekommen!"

Ich stutzte. „Wieso? Weshalb ist das Elchfleisch am Flughafen am frischesten?" „Na, das – das ist doch klar," stotterte er. In diesem Augenblick muss ihm bewusst geworden sein, dass er dabei war, ein ungeheuerliches Geheimnis zu verraten. „Das Elchfleisch ist importiert!" rief ich. Der Kellner erbleichte. Der Geschäftsführer murmelte kleinlaut in seinen Kragen. Ich verstand so etwas wie „Kanada".

Tja. Komischerweise hatte ich vor, demnächst nach Kanada zu reisen. Aber irgendwie scheue ich mich jetzt die Fahrt anzutreten. Ich habe das Gefühl, es gibt Geheimnisse auf dieser Welt, an die sollte man nicht rühren.

Rheinischer Merkur

21 Rekonstruktion der Hauptinformationen

Machen Sie Notizen. Gehen Sie Abschnitt für Abschnitt vor. Entscheiden Sie jeweils: Was ist wichtig, welche Informationen können zusammengefasst werden?

Beispiele: In Abschnitt A ist die Tatsache, dass es „viele, viele" Elche geben soll, entscheidend; auf ihr basiert die Geschichte. In anderen Abschnitten gibt es viele einzelne Elch-Episoden; sie lassen sich zusammenfassen.

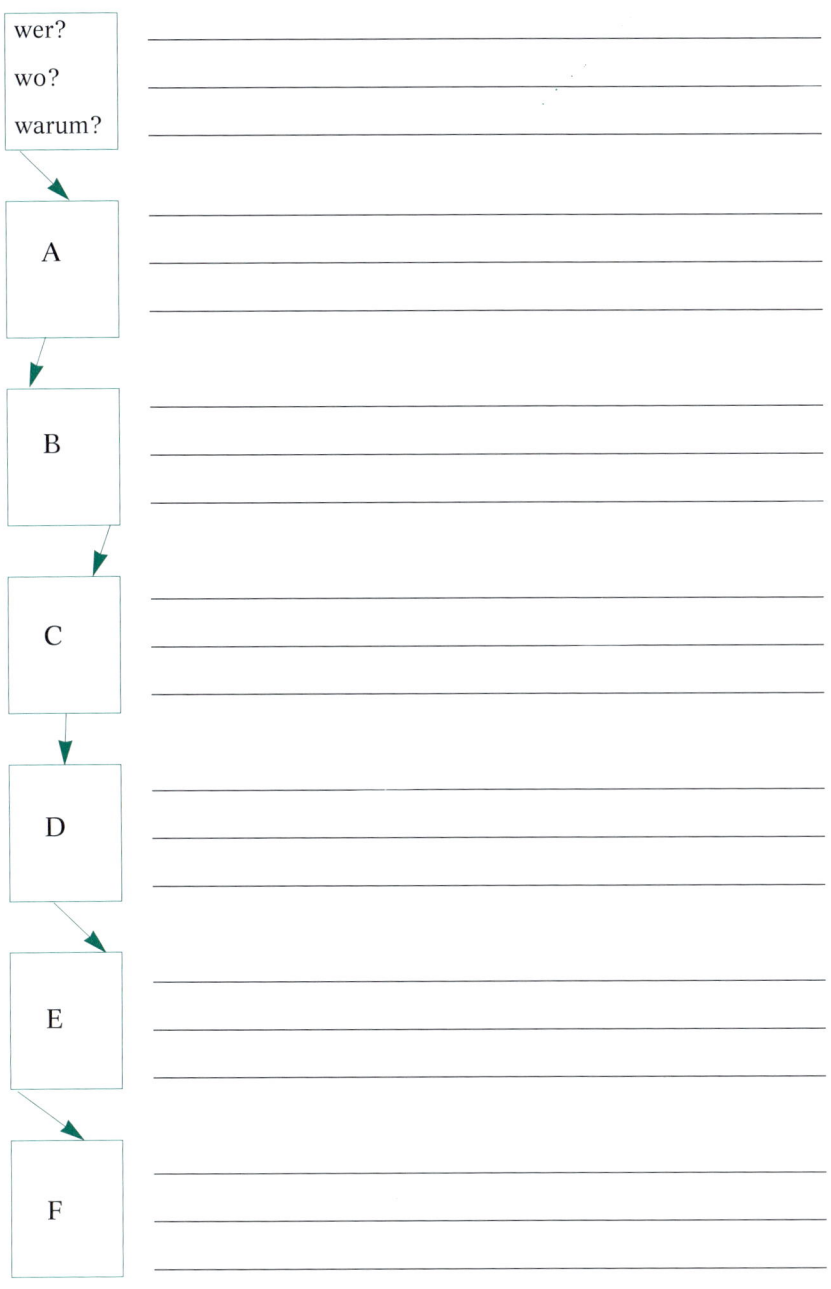

wer?

wo?

warum?

A

B

C

D

E

F

22 Diskussion

Um was für einen Text (Kurzgeschichte, Reisebericht …) handelt es sich hier? Der Text ist auf den „Reise"-Seiten einer deutschen Wochenzeitung erschienen. Ist er negative bzw. positive Imagewerbung für die Region Värmland? Hat er eine kulturkritische Botschaft? Wie würden Sie als värmländischer Tourismus-Manager auf eine solche Publikation reagieren? Könnte man ähnliche Berichte über andere „Phänomene" schreiben?

23 Erstellen Sie auf der Basis Ihrer Notizen und Ihrer Diskussion eine schriftliche Zusammenfassung des Textes.

Schreiben

24 Blau

Planen

a) Sammeln Sie alle Ideen, Einfälle, Assoziationen, die Ihnen zu einem bestimmten Stichwort – z.B. Blau – einfallen. Zeichnen Sie einen großen Kasten und verteilen Sie Ihre Notizen darin.

b) Zusammenhänge: Was gehört aus Ihrer Sicht – „subjektiv" oder „objektiv" – zusammen? Ziehen Sie Verbindungslinien zwischen Stichwörtern, die auf irgendeine Weise zusammengehören.

c) Ergänzungen: Tragen Sie Notizen aus der ganzen Lerngruppe zusammen (z.B. an der Tafel). Ergänzen Sie einander, ordnen Sie gegebenenfalls neu. Nehmen Sie bei Bedarf Notizen aus dem Kasten hinzu:

Wasser	Schwimmbad	der blaue Planet
Freiheit	Indigo	die blaue Blume
Sentimentalität	azurblau	Postkarten
blaue Augen	**BLAU**	
Traum	blue jeans	Ultramarin
Lapislazuli	Himmel	

Formulieren

d) Ihre Ideen und die von Ihnen gefundenen Zusammenhänge können Sie u.a. mit folgenden sprachlichen Mitteln darstellen:

- *Mit Blau verbinden viele Menschen …*
- *Die Farbe Blau erinnert mich an …*
- *Mit … assoziiere ich …*
- *Bei … muss ich (immer, gleich, sofort) an … denken, weil …*
- *… lässt einen an … denken.*
- *Dazu fällt mir ein, dass …*
- *Wenn ich an … denke, fällt mir ein, dass …*
- *Wenn ich mir … vorstelle, …*
- *Es gibt einen Zusammenhang zwischen … und …, denn …*

Schreiben

e) Verfassen Sie einen Text zu einem Stichwort (z.B. zu der Farbe Blau). Schreiben Sie ca. 250 Wörter. Legen Sie Ihre Ideen, Einfälle, Assoziationen dar und verwenden Sie dazu die obigen Redemittel.

Überarbeiten

f) Überarbeiten Sie Ihren Text mit einem Lernpartner (s.o.).

Lesende

Wortschatz

1 Was wir so lesen

- Belletristik (Romane, Erzählungen)
- Lyrik / Gedichte
- Essays
- Theaterstücke
- Drehbücher
- Klassische Literatur
- zeitgenössische Literatur
- Comics
- Science-fiction
- Western
- Abenteuerbücher
- Trivialliteratur
- Kunstbände
- Bildbände
- Kochbücher
- Märchen und Sagen
- Ratgeber
- Gesundheitsbücher
- Fahrpläne
- Liebesromane
- Groschenhefte
- Sportbücher
- Computerliteratur
- Kinder- und Jugendbücher
- politische Bücher
- Geschichtsbücher
- Reiseführer
- Reiseberichte
- Kriminalromane / Krimis
- Wetterberichte
- graue Literatur (nicht im Buchhandel zu kaufende Drucksachen, wie z.B. Broschüren, Schriftenreihen u.a.m.)
- Tierbücher
- Nachschlagewerke
- Lexika
- Biographien
- Wörterbücher
- Telefonbücher
- Sachbücher
- Fachbücher
- Schulbücher
- Photokopien
- Tageszeitungen
- Wochenzeitungen
- Sparbücher
- Zeitschriften
- Illustrierte
- Gesetzestexte
- Gebrauchsanleitungen
- ...

Fragen:
1. Was lesen Sie gern?
2. Wo lesen Sie gern?
3. Was haben Sie zuletzt gelesen?

Leseverstehen

2   Der folgende Text enthält zahlreiche Informationen zum „Leseprofil" der Deutschen, also zu den Fragen *was?*, *wo?* und *wozu?* gelesen wird.

was?	wo?	wozu?

a) Übertragen Sie die Tabelle in Ihr Heft. Tragen Sie anschließend Informationen aus dem Text in die drei Rubriken ein. (Überspringen Sie zunächst Textstellen mit unbekanntem Vokabular.)

b) Lesestrategien: Wie haben Sie den Text gelesen? Kreuzen Sie die zutreffende Antwort bitte an.

    kursorisch   ☐
    selektiv   ☐
    total   ☐

c) Sehen Sie sich noch einmal die letzten drei Wörter des Textes an. Von was für „Fabriken" kann hier logischerweise nur die Rede sein?

d) Geben Sie den Inhalt des Textes schriftlich wieder (120 Wörter wären ca. ein Drittel des Originaltextes). Wählen Sie dazu die wichtigsten Informationen aus den drei Rubriken aus.

Dirk van Versendaal

Leselust

„Wenn das Buch, das wir lesen, uns nicht mit einem Faustschlag auf den Schädel weckt, wozu lesen wir dann das Buch?" fragte Franz Kafka. Nicht ungehört. 21 Millionen Deutsche, ein Drittel der lesefähigen Bevölkerung, wollen eine solche Verletzung gar nicht erst riskieren. Sie lesen nie ein Buch.

Und das kam so: Ein Drittel von ihnen hörte mit dem Lesen auf, weil sie es nach der Schule nicht mehr mussten, ein Sechstel, weil sie einfach keine Lust mehr hatten, und ein Fünftel nach der Heirat (Liebe macht wirklich blind!). 1,5 Millionen Deutsche haben mit dem Lesen nicht einmal angefangen (weil sie es nie konnten), und weitere 4 Millionen Deutsche greifen nur einmal im Monat zum Buch. Zum Sparbuch? Zum Kochbuch?

Das hört sich schlimm an, ist es auch. Aber immerhin 42 Millionen Leser halten dem Buch die Stange. Und wie: Sie lesen 32 Minuten täglich, 14 Bücher pro Jahr. Im Durchschnitt. Und was lesen sie? Frauen gern über die Liebe, die Familie und das Kochen. Über Frauen also. Männer lesen am liebsten über Morde, Krieg und Technik. Über Männer also. Geschlechtsunabhängig dagegen ist die Vorliebe für humorvolle Lektüre und Tiergeschichten.

Und wo wird gelesen? Gern am Strand (35 Prozent), am liebsten im Bett (45 Prozent), seltener beim Telephonieren (0,3 Prozent) und bei der Körperpflege (1,3 Prozent). Wozu sind Bücher gut? Um sich die Zeit rauben zu lassen (20 Prozent), um zu vereinsamen (2,4 Prozent), die Langeweile (33 Prozent) oder ungewünschten Besuch zu vertreiben (0,3 Prozent), oder einfach, um ein Zimmer wohnlich zu gestalten (32 Prozent).

Das sieht dann so aus: Der deutsche Durchschnitts-Bücherschrank ist beladen mit 180 Durchschnitts-Büchern. Zwei Regale sind der eher trivialen Unterhaltung gewidmet, ein halbes den Nachschlagewerken und ein ganzes Regal gehört der anspruchsvollen Literatur: Hier verschaffen 27 Romane der

klassischen und modernen Wortkunst einem ganzen Volk die süße Gewissheit, das der Denker und Dichter zu sein.

Wie viele Bücher an- oder tatsächlich durchgelesen werden, wie viele ungelesen bleiben, wissen die Statistiker nicht. Aber sie vermuten: Immer mehr Bücher werden verkauft, immer weniger gelesen. Jährlich erscheinen bei uns 66 000 neue Titel, alle acht Minuten einer. Allein der 1900 Kilometer hohe Stapel jährlich in München verlegter und in Druck gegebener Bücher würde, wenn man ihn zu Fall brächte, mit seinen Spitzenexemplaren in die Fjorde Norwegens stürzen oder, hart am Wahrscheinlichen vorbei, am Strand von Kreta einen (lesenden?) Touristen erschlagen.

Seit 1951 sind in der Bundesrepublik 1,65 Millionen neuer Buchtitel erschienen – in einer Gesamtauflage von ca. 8,3 Milliarden Exemplaren. Oder einem Gesamtstapel von 250 000 Kilometern Höhe. Oder – zirkusmäßig – alle Brasilianer, einer auf dem anderen. Dass in deutschen Buchschränken aber nur 140 000 Buch-Kilometer ihr staubiges Dasein fristen, wirft eine Frage auf: Was ist aus den fehlenden 110 000 Kilometern geworden? Die Antwort erfreut nur den Nichtleser: Laugenbrei in Wellpappefabriken.

Magazin der
Süddeutschen Zeitung

Wortschatz

3   Wie wir lesen

Was genau bedeuten diese Verben? Versuchen Sie, die Bedeutung zu umschreiben, oder geben Sie ein erklärendes Beispiel.

ab-
an-
durch-
gegen-   lesen
nach-
über-
vor-

Finden Sie ein paar Beispiele für

– Bücher, in denen man etwas nachlesen kann.
– Situationen, in denen etwas (was?) vorgelesen wird.
– Gedrucktes, das die meisten Menschen nur anlesen.
– Dinge, die gern überlesen werden.
– Texte, die unbedingt durchgelesen werden müssen.
– Situationen, in denen etwas gegengelesen werden muss.

Setzen Sie eine passende Vorsilbe ein:

a) Großmutter musste jeden Abend ein Märchen _____lesen.

b) Stand das wirklich im Text? Das muss ich wohl _____lesen haben!

c) Du sollst den Text nicht _____lesen! Du musst ihn auswendig können!

d) Dieses Buch habe ich nur _____gelesen; es war auf den ersten Seiten schon so langweilig, dass ich keine Lust hatte es bis zum Ende _____zulesen.

e) Weiß jemand, was „Entropie" bedeutet? Oder wo man etwas darüber _____lesen könnte?

f) Hier ist mein Entwurf. Bevor er veröffentlicht wird, muss ihn aber noch einmal jemand _____lesen.

4 Teile eines Buches

Bringen Sie die folgenden Dinge in jene Reihenfolge, in der sie
(in der Regel) in einem Buch vorkommen.

_ e Abbildung, -en   _ s Vorwort, -e

_ r Titel, -   _ s Inhaltsverzeichnis, -se

_ s Impressum   _ e Einleitung, -en

_ s Literaturverzeichnis, -se   _ e Fußnote, -n

_ s Titelblatt, ¨er   _ s Kapitel, -

_ r Einband, ¨e   _ r Klappentext, -e

5 Synonyme / Antonyme

a) Welche dieser Wörter bedeuten (ungefähr) dasselbe bzw. stehen in
Gegensatz zueinander?

verfassen   erscheinen   herauskommen   publizieren   lieferbar sein
veröffentlichen   verlegen   herausbringen   rezensieren   besprechen   drucken   ausliefern   vertreiben   verkaufen   lesen   ein-
stampfen   vergriffen sein

b) Bilden Sie das Partizip II der obigen Verben. Bringen Sie die Verben
dabei in die von der Aufgabenstellung eingeleitete Reihenfolge.

Karriere eines Buches:
Geschrieben – erschienen / herausgekommen / ... – ... eingestampft.

6 Wörtern auf der Spur

Was bedeuten diese Wörter genau?
r Autor, -en   r Verfasser, -   r Schriftsteller, -   r Dichter, -   r Lektor, -en
r Herausgeber, -   r Verleger, -   r Redakteur, -e   r Kritiker, -

Bildbeschreibung

7   a) Suchen Sie eins der Bilder aus und geben Sie ihm einen Titel.
      b) Beschreiben Sie die auf „Ihrem" Bild dargestellte Situation; überlegen Sie, was hier – möglicherweise – in welchem Zusammenhang und aus welchen Gründen gelesen wird.
      c) Diskutieren Sie Gemeinsamkeiten und Unterschiede der Bilder.

Redemittel

8 **Entwicklungen**

von … um … auf … zurückgehen
Die Zahl der Buchleser ist von 1 000 000 (19..) um 150 000
auf 850 000 zurückgegangen.
von … um … auf … sinken
Die Zahl der Buchleser ist von 1 000 000 (19..) um 150 000
auf 850 000 gesunken.
von … um … auf … fallen
Die Zahl der Buchleser ist von 1 000 000 (19..) um 150 000
auf 850 000 gefallen.
sich von … um … auf … verringern
Die Zahl der Buchleser hat sich von 1 000 000 (19..) um 150 000
auf 850 000 verringert.
von … um … (auf …) abnehmen
Die Zahl der Buchleser hat von 1 000 000 (19..) um 150 000 abgenommen und beträgt jetzt nur noch 850 000.
rückläufig sein
Die Zahl der Buchleser ist rückläufig.
eine rückläufige Tendenz zeigen
Die Zahl der Buchleser zeigt kontinuierlich eine rückläufige Tendenz.

gegenüber (dem Jahr …) gleich bleiben / unverändert bleiben
Gegenüber dem Jahr 19.. ist die Zahl der Buchleser gleich geblieben /
unverändert geblieben.
gegenüber (dem Jahr …) sich nicht verändern / seit 19.. stagnieren
Gegenüber dem Jahr 19.. hat sich die Zahl der Buchleser nicht verändert / Seit 19.. stagniert die Zahl der Buchleser.

sich von … um … auf … erhöhen
Die Zahl der Buchleser hat sich von 1 000 000 (19..) um 220 000
auf 1 220 000 (19..) erhöht.

von … um … auf … (an)steigen / wachsen
Die Zahl der Buchleser ist von 1 000 000 (19..) um 220 000
auf 1 220 000 (19..) angestiegen / gewachsen.

eine steigende Tendenz zeigen

früher / in früheren Jahren / in der Vergangenheit
heute / gegenwärtig / zur Zeit
in der Zukunft / zukünftig
in den 60er / 70er / 80er / 90er Jahren
um die Jahrhundertwende / Jahrtausendwende
im neuen Jahrhundert
im 20. / 21. Jahrhundert

9 Beschreiben Sie die Entwicklung auf dem Zeitschriftenmarkt mit Hilfe obiger Redemittel.

	1975	1985	1991
Fachzeitschriften	19,5 *	13	16,3
Tageszeitungen	21,5	25,1	28,7
Zeitschriften	69,7	96,1	119,5
Wochenzeitungen	1,8	1,8	1,9

* = Anzahl der verkauften Exemplare in Millionen
aus: Deutschland Nr. 1/1993

Wortschatz

10 ÜBERTEXTESPRECHENTEXTELASSENSICHINFOLGENDEB
ESTANDTEILEGLIEDERNÜBERSCHRIFTODERTITELUNTE
RTITELZWISCHENÜBERSCHRIFTENABSÄTZEQUELLENA
NGABENWENNDERTEXTEINERANDERENPUBLIKATIONE
NTNOMMENISTDERNAMEDESVERFASSERSODERAUTORS
EINESTEXTESKANNANUNTERSCHIEDLICHENSTELLEND
ESTEXTESSTEHENVORDEMTITELUNTERDEMTITELODER
UNTERDEMTEXTINNERHALBDESTEXTESBEGEGNETMAN
EINERREIHEVONSATZZEICHENZBDENANFÜHRUNGSZEI
CHENAUCHGÄNSEFÜSSCHENGENANNTDEMPUNKTDEMK
OMMADEMFRAGEZEICHENUNDDEMAUSRUFEZEICHEND
EMSEMIKOLONUNDDEMDOPPELPUNKTDEMBINDESTRIC
HUNDDEMGEDANKENSTRICHJEDESVONDIESENSATZZEI
CHENHATDIEAUFGABEDENTEXTZUGLIEDERNUNDDAMI
TFÜRDENLESERÜBERSICHTLICHERZUMACHENDIESELB
EAUFGABEHABENDIEVERSCHIEDENENSCHRIFTARTEND
ERFETTDRUCKZBODERDERKURSIVDRUCKWÖRTERSCHLI
ESSLICHSETZENSICHAUSSILBENZUSAMMENUNDJEDESIL
BEHATZWEIDREIODERMEHRBUCHSTABENWICHTIGSIND
INDIESEMZUSAMMENHANGVORALLEMDIEPRÄFIXEVOR
SILBENUNDDIESUFFIXEWEILMANDIEBEDEUTUNGEINES
WORTESTEILWEISEAUSIHNENABLEITENKANNDASISTNI
CHTUNWICHTIGDIEWÖRTERGEHÖRENZUFOLGENDENW
ORTARTENARTIKELNOMENVERBADJEKTIVBZWADVERBP
RÄPOSITIONKONJUNKTIONKENNENSIENOCHANDEREW
ORTARTENWENNMANÜBERTEXTESPRECHENWILLWIRDM
ANGELEGENTLICHETWASAUSDEMTEXTZITIERENWOLLE
NWEREINZITATANFÜHRTMUSSAUCHSAGENKÖNNENAN
WELCHERTEXTSTELLEMANDIESESZITATFINDENKANND
AZUNENNTMANAMBESTENDIEZEILEODERDIEZEILEN

Der „Buchstabenfluss" auf Seite 31 enthält einige wichtige Wörter und
Wendungen, die Sie benötigen, um über Texte zu sprechen. Sie kennen
die meisten davon oder vielleicht sogar alle. Für die Arbeit mit Texten
ist es notwendig diese Ausdrücke aktiv zu beherrschen.

Schreiben Sie den Text einmal ab, wobei Sie die Groß- und Kleinschreibung beachten, Satzzeichen an die richtige Stelle setzen und eine Gliederung des Textes in Abschnitte versuchen sollten.

11 Ordnen Sie die Wörter und Wendungen aus dem obigen Text, die man
zum Sprechen über Texte benötigt, in die vier Gruppen (einschl. Artikel
und Pluralformen) ein:

Text	Satzzeichen	Wort	Wortarten

12 Satzzeichen-Quiz

Wann schreibt man (im Deutschen)
– Anführungszeichen („ "),
– einen Doppelpunkt (:),
– ein Semikolon (;),
– einen Gedankenstrich (–),
– Kommas (,),
– ein Wort groß?

13 Abkürzungen

Legen Sie sich einen Abkürzungskompass an. Denn manche gedruckten
Wörter haben die Tendenz, nicht ausgeschrieben, sondern abgekürzt zu
werden, z.B.(!):

bzw.   _____

etc.   _____

Fa.   _____

ggf.   _____

i.d.R.   _____

PF oder Pf. _____

PLZ   _____

m.E. _____

s.o. _____

s.u. _____

u.A.w.g.
oder U.A.w.g. _____

u.a. _____

u.a.m. _____

usw. _____

u.v.a. _____

v.a. _____

wg. _____

z.B. _____

z.Hd. _____

z.T. _____

(…) _____

Redemittel

14   Inhaltswiedergabe, Zusammenfassung

Worum geht es in diesem Text? / Wovon handelt dieser Text?
In diesem Text geht es um … / Dieser Text handelt von …
Er erzählt die Geschichte von …
Es wird berichtet, dass …
Dieser Text hat … zum Gegenstand / zum Inhalt.

Man kann den Inhalt des Textes folgendermaßen zusammenfassen: (…).

Die Geschichte beginnt mit …
Zunächst … / Daraufhin … / Schließlich … / Am Ende …

Die Handlung der Geschichte ist (nicht) schnell erzählt.

Den Inhalt dieses Textes kann man (nicht) in wenigen Worten wiedergeben. (…)

Der Text ist relativ handlungsreich / handlungsarm.

Die Hauptpersonen des Textes sind …

Schreiben

15   Mein Buch

„Oh, die Bücher! Sie wissen so viel und sind so still! Nachts, wenn ich mit dem Blick die Regale meiner Bibliothek durchgehe und sie aufgereiht sehe, schweigend hinter den verschiebbaren Glasscheiben, sage ich mir: ‚Wie unhörbar rufen sie, damit einer sie zu sich ruft! Ich bin Don Quijote, scheint einer zu sagen, und bin in Rindsleder gebunden! Ich bin Balzac und habe die beste Menschliche Komödie geschrieben! Ich bin Shakespeare, zweisprachig, und biete dir an, was du willst!' Und angesichts dieser Bitten bleibt man ganz ungerührt. ‚Morgen', sage ich zu ihnen, ‚morgen werde ich mich um euch kümmern, bleibt nur ruhig, morgen'. Arme Bücher! Arme Genies! Morgen, ja, aber heute vor dem Schlafengehen greife ich nach der erstbesten Illustrierten, die mir in die Hand kommt."

Julio Ramón Ribeyro

Stellen Sie „Ihr" Buch (schriftlich) vor. Sie können entweder Ihr Lieblingsbuch oder ein neulich von Ihnen gelesenes Buch oder ein Ihrer Meinung nach wichtiges Buch oder ein wirklich schlechtes Buch oder das Telefonbuch oder einen Klassiker oder irgendetwas anderes mit zwei Buchdeckeln nehmen.

Planen

Für die Planung können u.a. folgende Gesichtspunkte wichtig sein:
Für wen schreiben Sie? Was könnte die bzw. den betreffende(n) Leser/in besonders interessieren?
Wenn Sie eine Handlung nacherzählen: Welche Informationen sind wirklich wichtig und machen neugierig? Wollen Sie auch berichten, wie die Geschichte ausgeht?
Warum haben Sie dieses Buch ausgewählt?
Einigen Sie sich auf eine maximale Wortzahl von ___ Wörtern.

Formulieren

Wählen Sie aus den obigen Redemitteln Formulierungen für Ihren Text aus. Sammeln Sie mit Ihrer Lerngruppe weiteres sprachliches Material für Ihren Text, z.B. einige Adjektive, die Ihnen zu berühmten Werken der Weltliteratur einfallen, z.B. zu *Krieg und Frieden, Romeo und Julia* usw. Suchen Sie zu diesen Adjektiven – falls möglich – die Gegensätze (Antonyme), also z.B. *spannend – langweilig* usw.

Überarbeiten

Schreiben Sie einen Entwurf. Besprechen Sie ihn mit Ihrem Lernpartner; besprechen Sie, was zu überarbeiten ist. Fertigen Sie dann eine endgültige Fassung an.

Heimat, das ist, wenn …

Leseverstehen

1 Machen Sie Ihr Kreuz überall dort, wo Sie der Aussage zustimmen können.

„Heimat", das ist für mich

☐ ein Land
☐ eine Stadt
☐ ein Dorf
☐ ein Haus
☐ ein Zimmer
☐ meine Familie
☐ die Erinnerung an meine Kindheit
☐ eine Farbe bzw. ein Farbklang
☐ ein Geschmack
☐ ein Geräusch

☐ ein Geruch
☐ nichts
☐ Freunde und Menschen, die ich gut kenne
☐ etwas, das es nicht mehr gibt
☐ etwas, auf das ich auch verzichten kann
☐ etwas, auf das ich nicht verzichten kann
☐ …

2 Setzen Sie sich zu dritt oder zu viert zusammen. Stellen Sie fest, welche Gemeinsamkeiten und welche Unterschiede es in Ihrer Kleingruppe gibt. Suchen Sie eine, vielleicht nur kleine, Gemeinsamkeit und ergänzen Sie den folgenden Satz so, dass Sie alle zustimmen können:
Unter „Heimat" verstehen wir …

3 Zeichnen Sie ein großes Dreieck an die Tafel, einen „Eisberg". Durch das obere Drittel können Sie eine „Wasserlinie" ziehen. Notieren Sie oberhalb der Wasserlinie den Begriff „Heimat", unterhalb der Linie Ihre Satzergänzungen.
Welche Gemeinsamkeiten und Unterschiede sind in diesem Begriffs-„Eisberg" enthalten?

4 Die folgenden drei Texte erschienen in einem Heft des ZEIT-Magazins, das ausschließlich von jungen Leuten zusammengestellt wurde. Im Vorspann heißt es:
Heimat – Ein Wort, mit dem sich unendlich viele Denker und Dichter auseinandergesetzt haben. Ein missbrauchtes und missverstandenes Wort. Wir haben Jugendliche zwischen 18 und 24 Jahren aus mehreren Städten befragt, was Heimat für sie bedeutet.

Lesen Sie die folgenden Texte selektiv, d.h., suchen Sie nur nach bestimmten Informationen.

Dazu legen Sie die folgende Tabelle mit fünf Spalten an. Notieren Sie beim ersten Lesen der folgenden drei Texte Stichwörter in diese Spalten.

Name	Alter	Wohnort	Geburtsort	Vorstellungen, die mit „Heimat" verbunden werden

5 a) Gibt es Gemeinsamkeiten zwischen den drei jungen Leuten? Wenn ja, dann welche?

b) Gibt es Unterschiede oder Gemeinsamkeiten zwischen Ihrer Definition von „Heimat" (s.o.) und den Vorstellungen der drei jungen Leute?

Heimat

(Von Juliane Herlyn und Juliane Schulz-Gibbins)

„Meine Heimat ist mein Dorf"

Sein ganzes Leben, seit neunzehn Jahren, wohnt Frank schon auf dem väterlichen Hof im Fünfzehnseelendorf Nauden. Und oft ist er von hier auch nicht fortgekommen. Einmal auf Klassenfahrt nach Bayern, in den Sommerferien mit der kleinen Schwester zur Tante nach Goslar. Aber bereits nach drei Tagen „Großstadtleben", sagt er, da fehlten ihm „die Viecher halt, die Küh', der Hund und die Störch'".

Obwohl die Viecher, 120 an der Zahl, ihm eine Menge Arbeit machen. Um halb sechs in der Früh heißt es aufstehen, die Kühe wollen gemolken, die Kälber getränkt, die Bullen gefüttert werden. Und in einem schmutzigen Stall steht die Kuh auch nicht gern.

Nach dem Frühstück muss Frank gleich zur Schule. Dort schließt er nach einjähriger Schulung seine Ausbildung zum Fachwirt ab. Kaum ist der Unterricht beendet, setzt er die Theorie auf Vaters Feldern in die Praxis um. Jede Hand wird gebraucht, für den Zweimannbetrieb gibt es selten eine Pause. Kein Wunder, dass Frank abends geschafft ins Bett fällt. Doch Tiere halten sich nicht an die Uhr, da drängt schon einmal mitten in der Nacht ein Kalb auf die Welt. „Bauer sein" ist eben ein Vierundzwanzigstundenjob.

Nur im Winter hat Frank etwas mehr Zeit. Dann geht er zum Beispiel zur Gemeindeversammlung nach Luckau. „Der Zusammenhalt untereinander ist für mich auch ein Bestandteil von Heimat", sagt er. „Hier kenn' ich jeden und kann mich auf alle verlassen." Dass man dafür aber auch etwas tun muss, weiß er genau, und er tut es gern.

„Irgendwie sind wir ja alle aufeinander angewiesen, darum ist es wichtig, dass ich mitentscheide." Gemeinderat möchte er später einmal werden, „man trägt ja Verantwortung", sagt er und knetet dabei die großen Hände.

Heimat? „Wenn ich nach Hause komme, dann ist da so ein Geruch nach Heu

und warmer Milch, nach Obstbäumchen und nach Holz. So ganz natürlich eben." Deshalb möchte Frank auch nie in der Stadt leben. Sie stinkt, ist viel zu anonym und künstlich. „Nicht viele sehen als Landwirt eine Zukunft, das Leben ist nicht leicht. Aber es macht mir Freude, hier zu arbeiten. Nauden ist meine Heimat, die Gemeinde, die Familie. Deutschland, das ist das Drumherum."

Heimat

„Wo meine Heimat ist, weiß ich nicht genau"

Ihr ganzes Leben wohnt Semra schon in Hofolding bei München. Heimat hat für Semra eine ganz andere Bedeutung als für ihre deutschen Freunde, weil Semra Türkin ist. Ihre Eltern, Vater Nazim ist Schreiner, sind vor dreißig Jahren in die Bundesrepublik gekommen. Sie und ihre drei jüngeren Geschwister sind in München geboren. „Mei, Istanbul ist meine Heimat, weil da alle meine Verwandten in der Nähe sind," sagt sie mit bayrischem Akzent, „Familie ist in der Türkei viel wichtiger als in Deutschland. Meine Cousinen sind gleichzeitig Schwestern und Freundinnen für mich." Und wenn die Familie in den Ferien dort in ihrer Wohnung ist, dann ist Semra viel freier, darf länger ausgehen, eher allein weg. Zu Hause in Hofolding sagt der Vater schon mal „hajir" – nein, wenn sie zu einer Geburtstagsfeier möchte. Angst vor Skins und zu viel Alkohol. „Ich werd' zwar streng erzogen, aber ich find's eigentlich ganz in Ordnung."

In Istanbul fällt es ihr auch leichter, ihre Religion auszuüben, dort machen eben alle mit. „Wenn ich aus der Türkei zurückkomme, dann bete ich eine Zeitlang auch hier noch fünfmal am Tag. Das verliert sich aber schnell, es fehlt der An-

trieb," sagt sie. Die Fastenzeit, den Ramadan, hält Semra aber auch in Bayern ein. Mitte Februar war es wieder so weit. „Manchmal ganz schön hart, den ganzen Tag nichts zu essen. Besonders dann, wenn jede Klausur fürs Abi zählt."

Wenn Semra in Istanbul ist, geht jeden Tag ein Brief an die Freundinnen in Deutschland. „Bayern ist halt auch meine Heimat. Ich hab' hier so viele Freunde, ich mag die Art der Menschen und ich fühle mich wohl in unserem kleinen Ort."

In Istanbul vermisst sie Bayern, in Hofolding die Türkei. Heimat ist ein schweres Wort für Semra. Das spiegelt sich auch in der Sprache wider; mit dem Vater spricht sie Türkisch, mit der Mutter mal dies, mal das, mit den Geschwistern nur Deutsch.

„Später", sagt sie, „möchte ich in der Türkei leben, vielleicht als Lehrerin türkische Kinder in Deutsch unterrichten." Auf diese Weise glaubt sie, beides unter einen Hut bringen zu können. Und weil die Familie so wichtig für Semra ist, fällt ihr doch noch eine eindeutige Beschreibung von Heimat ein: „Heimat, das ist, wenn wir abends alle Tee trinken, an Papas selbstgemachten Tischen."

Heimat

„Meine Heimat ist Schlesien"

Sein ganzes Leben hat Martin, 18, dort verbracht, bis er vor vier Jahren nach Deutschland kam. Wie seine Eltern und sein Bruder ist auch er deutscher Staatsbürger – wieder. Als sein Vater Gregor 1936 geboren wurde, gehörte das Städtchen Hindenburg noch zum Deutschen Reich. Und „deutsche Oberschlesier" sind die Hindenburger im Herzen auch geblieben, obwohl die Bergbauregion heute zu polnischem Gebiet gehört. Zum Heimatland aber riss der Kontakt nie ab. „Es kamen immer Briefe von Verwandten, mit Photos und Platten und so", erinnert sich Martin, „mein Vater hört so gerne Volksmusik." Ein Symbol für die ferne Heimat. Deshalb freuten sich die Eltern auch sehr, als sie 1988 endlich ausreisen durften. Anders Martin: „Zu Deutschland hatte ich doch gar keine Beziehung." Wie auch? Deutsch durfte in der Schule nicht unterrichtet werden, dort sprach man Polnisch, daheim oberschlesischen Dialekt. „In Hindenburg hab' ich all meine Kumpels, da bin ich aufgewachsen. Ich war furchtbar unglücklich, als meine Eltern mich da rausrissen", sagt er, der so südländisch aussieht, dass man ihn hier schon auf türkisch angesprochen hat.

Über Friedland kam die Familie Schulz direkt nach Hamburg. Martins Vater und seiner Frau Adelheid fiel die Eingewöhnung leicht, vor allem, weil für beide die Sprache keine Barriere darstellte. Die musste Martin erst mühsam abbauen. Gemeinsam mit anderen Aussiedlern besuchte er einen speziellen Intensivkurs, wechselte dann nach einem Jahr problemlos in die 8. Klasse des Bismarck-Gymnasiums.

„Ich bin richtig nett aufgenommen worden, ich habe jetzt auch hier viele Freunde. Aber zu Oberschlesien fühle ich mich mehr zugehörig. Da sind zum Beispiel die Speedway-Wettkämpfe, wo meine Kumpels und ich immer zugeschaut haben." Speedway, ähnlich populär und organisiert wie hierzulande der Fußball, ist der kleine Bruder der Formel-1-Rennen. Darauf freut Martin sich besonders, wenn er in diesen Sommerferien wieder nach Polen fährt. Und auf die alten Nachbarn. „Wir waren da doch alle katholisch und vielleicht auch wegen dieses Minderheitenstatus gab es immer einen festen Zusammenhalt in der Gemeinde. Das ist ganz anders gewesen als hier. Die Leute haben viel mehr Zeit und Geld, das ist da nicht so wichtig."

aus: ZEITmagazin

6 Redemittel

Unterschiede und Gegensätze

Unterschiede und Gegensätze können Sie u.a. mit den folgenden Rede-mitteln ausdrücken. Beachten Sie, dass die grün gedruckten Wörter nur an ganz bestimmten Satzpositionen stehen können.

a) Markieren Sie in den Beispielsätzen alle Verben mit einem Oval.
b) Welche Sätze sind Nebensätze (mit dem Verb am Ende)? Markieren Sie diese Sätze farbig. Suchen Sie dann die Hauptsätze (mit dem Verb auf der zweiten Position). Markieren Sie diese Sätze mit einer anderen Farbe.

   A Er lebt auf dem Land, während (wohingegen) sie in der Stadt wohnt.
   B Während er auf dem Land lebt, wohnt sie in der Stadt.

   C Er lebt auf dem Land, aber sie wohnt in der Stadt.
   D Er lebt auf dem Land, doch sie wohnt in der Stadt.

   E Er lebt auf dem Land, sie jedoch wohnt in der Stadt.
   F Er lebt auf dem Land, sie hingegen wohnt in der Stadt.

   G Er lebt auf dem Land, demgegenüber wohnt sie in der Stadt.
   H Er lebt auf dem Land, im Gegensatz dazu wohnt sie in der Stadt.

   I Im Unterschied zu ihm, der auf dem Land lebt, wohnt sie in der Stadt.

c) Beschreiben Sie die folgenden Unterschiede und Gegensätze mit Hilfe der obigen Redemittel:

   1. meine Kollegin / ich – eine Dienstreise / Urlaubsreise machen
   2. Herr X / Herr Y – das ganze Leben lang zu Hause bleiben / viele Reisen unternehmen
   3. meine Schwester / mein Bruder – studieren / eine Berufsaus-bildung machen
   4. meine Eltern / wir – auf dem Dorf zu Hause sein / in der Stadt wohnen
   5. auf dem Wochenmarkt / im Theater – Dialekt sprechen / Hoch-deutsch sprechen
   6. … / … – sich für Rockmusik / Klassik interessieren
      (…)

7

Gehen Sie zu Ihrer Tabelle aus Aufgabe 4 zurück. Beschreiben Sie Unterschiede oder Gegensätze, die Sie gefunden haben, mit Hilfe der Redemittel.

Bildbeschreibung

8   a) Beschreiben Sie die auf dem Filmplakat dargestellte Szene
        (wer?, woher?, wohin?, warum? …).
    b) Kennen Sie andere Filme mit vergleichbarer Thematik?

Wortschatz

9   Nicht wenige Menschen verlassen – freiwillig oder gezwungenermaßen –
ihr Heimatland. Dafür kann es verschiedene Gründe geben: wirtschaft-
liche Probleme, bessere Lebenschancen anderswo, Krieg, Verfolgung aus
weltanschaulichen oder ethnischen Gründen und vieles mehr.
Versuchen Sie in Ihrer Lerngruppe für die folgenden Begriffe gemeinsam
eine Erklärung zu finden.

Begriff	Beschreibung: *Warum ist die betreffende Person nicht mehr an ihrem Heimatort?*
Ausländer	_____
Fremder	_____
Heimatloser	_____
Zuwanderer	_____
Gastarbeiter	_____
Auswanderer	_____
Asylant	_____
Exilant	_____
Ausgebürgerter	_____
Vertriebener	_____
Aussiedler	_____
Flüchtling	_____
Arbeitsmigrant	_____
(…)	

Redemittel

10   Mit folgenden (grün gedruckten) Redemitteln kann man einen Begriff
genauer bestimmen und ihn gegenüber anderen Begriffen abgrenzen.

Definitionen
Der Begriff Flüchtling bezeichnet eine Person, die – z.B. wegen
eines Krieges – ihre Heimat verlassen hat oder verlassen musste und
ihren Besitz dort zurückgelassen hat.

Unter einem Exilanten verstehe ich eine Person, die ihr Heimatland – z.B.
aus politischen Gründen – verlassen musste und längere Zeit im Ausland
lebt.
Als Ausländer kann man jeden Menschen bezeichnen, der sich – für kurze
oder längere Zeit – außerhalb seines Heimatlandes befindet.

Abgrenzungen
… und … bedeuten nur teilweise dasselbe.
Die Begriffe … und … haben nichts miteinander gemeinsam.
Der Unterschied zwischen … und … besteht darin, dass …
Die Begriffe … und … haben sowohl Gemeinsamkeiten als auch Unterschiede. Gemeinsam ist beiden Begriffen, dass …
Unterschiedlich ist, dass …
Man kann … … nennen, wenn man darunter versteht, dass …

Klären Sie einige der in Übung 9 genannten Begriffe mit Hilfe dieser
Redemittel.

11 Klären Sie weitere Begriffe durch Definitionen und Abgrenzungen, wie
z.B.:

Schüler, Student, Lehrer, Dozent, Lehrperson, Tutor …
Buch, Broschüre, Flugblatt, Lehrbuch, Zeitschrift, Zeitung,
Rundbrief …
Füller, Kugelschreiber, Bleistift, Filzstift …
Kalender, Notizbuch, Notizblock, Heft, Ringbuch, Tagebuch …
(…)

Wortschatz

12 Wörtern auf der Spur

Welche der folgenden Wörter können Sie erklären? Welche davon gibt es
auch in Ihrer Muttersprache?
Und: Kennen Sie weitere Wortzusammensetzungen mit „Heimat-", „-heimat"?

r Heimatfilm, -e   r Heimatroman, -e   r Heimatkitsch   s Heimatmuseum, -seen   r Heimatort, -e   e geistige Heimat   e Wahlheimat
e zweite Heimat   (…)

13 Auf Seite 45 können Sie einen Auszug aus einem Informationsblatt der
Uno-Flüchtlingshilfe lesen. Lesen Sie zuerst den ganzen Text. Zwölf Wörter fehlen. Lesen Sie den Text noch einmal und wählen Sie aus der unten
stehenden Tabelle das jeweils passende Wort (A, B, C oder D) für die
Lücken aus.

Das Amt des Hohen Flüchtlingskommissars der Vereinten Nationen (UNHCR)

UNHCR __ (1) seine Arbeit am 1. Januar 1951 als Unterorgan der UN-Vollversammlung auf. _____ (2): Den Millionen Flüchtlingen und Vertriebenen in Europa zu helfen, die _____ (3) oder nach dem Zweiten Weltkrieg ihr Heimatland verlassen mussten.

Heute stehen weltweit 17 Millionen Flüchtlinge unter dem UNHCR-Mandat, _____ (4) allein 14,5 Millionen in den Staaten der Dritten Welt. Gemäß seiner Satzung ist UNHCR eine humanitäre, unpolitische Organisation, die zwei Hauptfunktionen _____ (5) soll: Flüchtlingen „internationalen Rechtsschutz" zu gewähren und für ihre Probleme „dauerhafte Lösungen" zu finden.

Flüchtlinge zu _____ (6), dies betrifft ihr Leben, ihre Sicherheit und Freiheit. Dies heißt auch, Flüchtlinge davor zu bewahren, in ein Land zurückgeschickt zu werden, wo ihnen Verfolgung droht.

Bei der Suche nach dauerhaften Lösungen für Flüchtlinge _____ (7) grundsätzlich drei Alternativen zur Verfügung: freiwillige _____ (8) in das Heimatland, Eingliederung in das Erstasylland, Umsiedlung in ein Drittland.

In den letzten zehn Jahren hat sich die _____ (9) der von UNHCR weltweit betreuten Flüchtlinge mehr als verdoppelt. 80 Prozent von ihnen sind Frauen und Kinder. Um überleben zu können, sind die meisten Flüchtlinge in den Staaten der Dritten Welt auf die Hilfe der internationalen Staatengemeinschaft _____ (10).

UNHCR hat in den 40 Jahren seines Bestehens rund 26 Millionen Menschen geholfen, in ihr Heimatland zurückzukehren oder in einem anderen Land eine neue _____ (11) zu finden. Für seine Arbeit ist es zweimal, 1954 und 1981, mit dem Friedensnobelpreis _____ (12) worden.

Aus einem Informationsblatt der UNO-Flüchtlingshilfe

	A	B	C	D
1	gab	stellte	nahm	bereitete
2	Aufgabe	Problem	Überlegung	Schwierigkeit
3	trotz	während	über	gegen
4	darüber	hiervon	unter	teilweise
5	unterstützen	anbieten	versuchen	erfüllen
6	helfen	schützen	unterstützen	betreffen
7	sind	stellen	stehen	geben
8	Rückkehr	Rückgang	Wiederkehr	Rückfahrt
9	Zahl	Nummer	Menge	Quantität
10	begründet	basiert	abhängig	angewiesen
11	Existenz	Seins	Bestehens	Lebens
12	bezeichnet	ausgezeichnet	ausgewiesen	übertragen

Groß- und / oder Kleinschreibung und Interpunktion

14 Dieser satirische Text stammt von dem zeitgenössischen Schweizer Autor Beat Sterchi. Schreiben Sie diesen Text neu – mit allen erforderlichen Satzzeichen und der korrekten Groß- und Kleinschreibung.

innen und außen innen ist innen und außen ist außen das war schon immer so und deshalb gibt es innen ein inland und außen ein ausland und dazwischen eine grenze vom inland aus betrachtet ist es aber unverständlich dass im ausland so viele ausländer meinen sie müssten raus aus dem ausland und rein zu uns inländern ins inland kommen wo doch unser inland ihr ausland ist und wir inländer ja auch nicht einfach aus dem inland hinaus ins ausland reisen und dort tun als wäre das gar nicht mehr unser ausland als wären wir in ihrem inland auch inländer in ihrem eigenen inland und nicht einfach ausländer ohne inland im ausland darum sollen diese ausländer aus dem ausland bei uns inländern im inland jetzt auch nicht so tun als wäre ihr ausland nicht mehr unser inland sondern unser ausland und ihr inland sonst gehen wir inländer dann plötzlich auch als ausländer in ihr inland und tun als wäre es nicht mehr unser ausland sondern als wären wir alle inländer im inland und sie in unserem ausland auf einmal nichts weiter in ihrem inland als ausländer im ausland und nicht inländer im inland voller ausländer wie wir inländer in unserem inland

Versuchen Sie nun eine Begriffsbestimmung: Was heißt „satirisch"?

Leseverstehen

15 Zum Autor: *Michael Hamburger* wurde 1924 in Berlin geboren. 1933 ging er mit seinen Eltern nach Großbritannien, wo er seither lebt. Er ist Dichter, Literaturwissenschaftler und einer der bedeutendsten Übersetzer deutscher Literatur ins Englische.

Zum Text: Gedichte gehören zu jenen Textsorten, bei denen es darauf ankommt, alle Einzelheiten vollständig zu verstehen. An einer Textstelle fehlt etwas: ein, zwei oder drei Wörter? Und: welche(s)? Überlegen Sie gemeinsam, was an der Textstelle – und zwar in Übereinstimmung mit den Aussagen, Bildern und Bedeutungen des Gesamttextes – stehen könnte …

Sie können auch versuchen, das Gedicht in Ihre Muttersprache zu übertragen. Im Anschluss an die deutschsprachige Fassung finden Sie das englische Original von Michael Hamburger.

Pavillon des braunen Kranichs

(nach T'sui Hao)

Vor langer Zeit flog der Weise fort, auf seinem braunen Kranich.
Nichts blieb, nur der leere Gedächtnispavillon.
Einmal fort, kehrt der braune Kranich nie wieder dorthin zurück,
wo seit tausend Jahren die langsamen weißen Wolken ziehen.

Nun ist der Himmel klar, klar über Blättern des Hang-yang-Baums,
dicht und grün das Gras dieser Insel, Ying-wu.
Die Sonne geht unter, und ich _____, zu Hause, wo ist das.
Wellen, Dunst auf dem Fluss. Kein Kranich kehrt wieder.

1978
Deutsche Fassung von
Günther Hasenkamp

1–5	Leseverstehen
6–7	Redemittel
8	Bildbeschreibung
9	Wortschatz
10–11	Redemittel
12–13	Wortschatz
14	Groß-/Klein-schreibung und Interpunktion
15	Leseverstehen

Michael Hamburger

Pavilion of the Brown Crane

(after T'sui Hao)

Long ago the wise man flew off, riding his brown crane.
Nothing remains but the empty memorial pavilion.
Once flown away, never the brown crane returns
Where for a thousand years the slow white clouds have drifted.

Now the sky is clear, clear the hang-yang tree's leafage,
Thick and green the grass on this island, Ying-wu.
As the sun goes down I _____ where home is.
Wavelets, haze on the river. No crane will return.

Wenn man hier keine Zeitung hält

Wortschatz

1 Fragebogen

1. Wenn Sie an ein „Dorf" denken, woran denken Sie
   dann zuerst?
2. Wenn Sie in einer Stadt leben: Vermissen Sie etwas, das es nur
   auf dem Dorf, aber nicht in der Stadt gibt?
3. Was stellen Sie sich unter einem „schönen" Dorf vor?

Besprechen Sie Ihre Antworten und entwickeln Sie dabei ein „Wortfeld",
das z.B. so aussehen könnte:

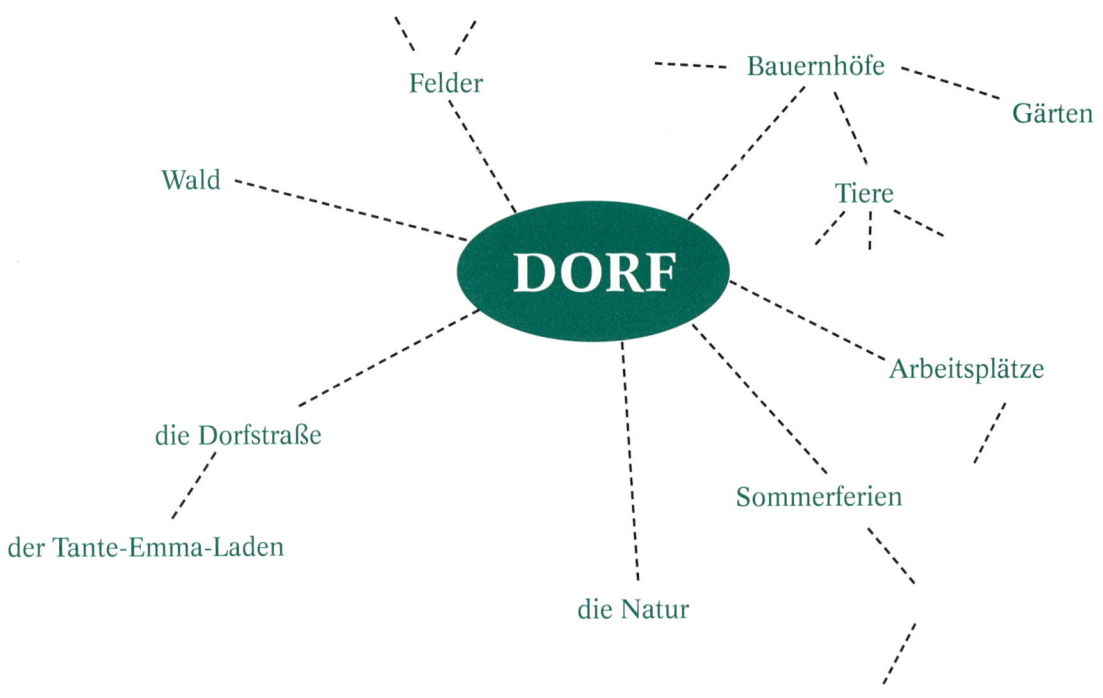

Leseverstehen

2   Um die folgende Aufgabe zu bearbeiten, müssen Sie den Text sehr genau lesen – Wort für Wort.

Aus dem Gedicht *Im Sommer* wurden sieben Wörter weggelassen. Sehen Sie sich jede Textstelle genau an: Welches Wort könnte passen? Rechts finden Sie sieben richtige Wörter und zwei falsche.

Sarah Kirsch, geb. 1935 in Limlingerode im Harz, Studium der Biologie, später der Literatur, wohnhaft in Ost-Berlin bis 1977, dann in West-Berlin, lebt seit 1981 in Niedersachsen und Schleswig-Holstein auf dem Lande als freie Schriftstellerin.

Sarah Kirsch

Im Sommer

Dünnbesiedelt das Land.
Trotz riesiger Felder und Maschinen
Liegen die _____(1) schläfrig
In Buchsbaumgärten; die Katzen
Trifft selten ein Steinwurf.

Im August fallen _____(2).
Im September bläst man die Jagd an.
Noch fliegt die Graugans, spaziert der Storch
Durch unvergiftete _____(3). Ach, die _____(4)
Wie Berge fliegen sie über die Wälder.

Wenn man hier keine Zeitung hält
Ist die _____(5) in Ordnung.
In Pflaumenmuskesseln
Spiegelt sich schön das eigne _____(6) und
Feuerrot leuchten die _____(7).

Felder

Vögel

Dörfer

Wiesen

Gesicht

Sterne

Wolken

Landschaft

Welt

3   Zeichnen Sie einen großen Kreis, der in einem anderen Kreis liegt. Welche Wörter des Textes bezeichnen einen „Innenraum", welche einen „Außenraum"? Notieren Sie diese Wörter entsprechend. Ergänzen Sie die „Zeichnung" ggf. durch Begriffe wie Landflucht, Stadtflucht, Mobilität u.a.m.

4   Redemittel

Das Meinungspingpong

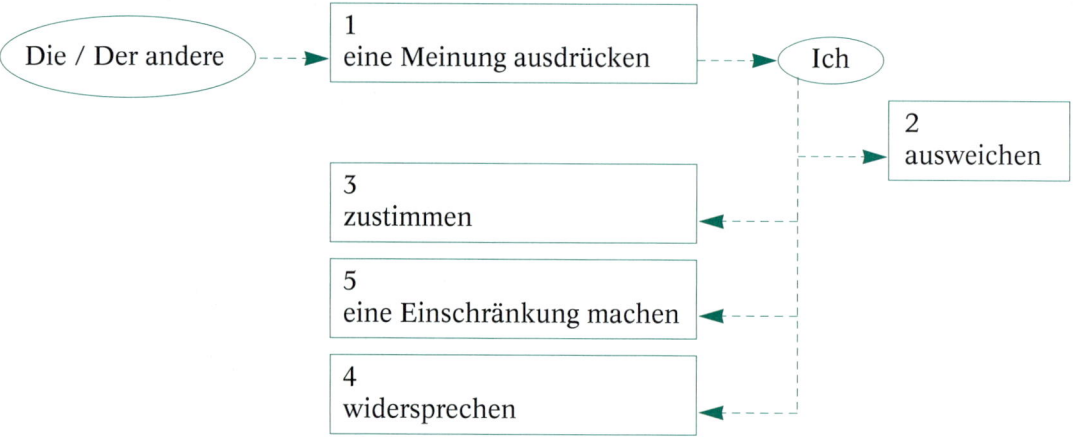

5   Kombination: Welche Satzteile lassen sich kombinieren? Legen Sie eine Liste an. (Überprüfen Sie Ihre Zuordnungen anhand des Lösungsschlüssels.)

Meiner Meinung	(nicht) der Meinung, dass …
Ich bin	(nicht) der Auffassung, dass …
Das sehe ich	nach …
Das halte ich	ab.
Das stimmt	für richtig / für falsch.
Ich teile	auch so / ganz anders.
Ich stimme	auch / nicht / fraglich.
Das überzeugt	zu / nicht zu / nur teilweise zu.
Das trifft	fraglich.
Das finde ich	(nicht) ganz dieser Meinung.
Das lehne ich	(ganz) anderer Meinung.
Das scheint mir	sicherlich / überhaupt nicht.
Das kommt	dem zu / dem nicht zu / dem nur teilweise zu.
	diese Auffassung (nicht).
	mich / mich nicht / mich nicht ganz.
	darauf an, wer / w… / ob …

6 Legen Sie im Anschluss an Übung 5 in Ihrem Wörterheft eine Tabelle mit fünf Rubriken an. Überschreiben Sie die Rubriken mit *eine Meinung ausdrücken, ausweichen, zustimmen, eine Einschränkung machen, widersprechen* (siehe oben: Meinungspingpong). Übertragen Sie nun Ihre Ausdrucksformen in die jeweils entsprechende(n) Rubrik(en).

7 Lesen Sie bitte die Aussagen a) 1–10 und b) 1–7. Die Aussagen sind frei erfunden. Überlegen Sie jeweils einen Augenblick und notieren Sie dann Ihre Meinung in ein bis zwei Sätzen. Verwenden Sie bitte die obigen Redemittel.

a) Stadt – Land
1. „Auf dem Land ist nichts los!"
2. „In der Stadt ist's auch nur dann interessant, wenn du genug Geld hast!"
3. „Es ist wahnsinnig schwer, neue Leute kennen zu lernen, wenn du irgendwo in einer Kleinstadt oder auf dem Dorf wohnst!"
4. „Das Stadtleben macht die Leute nervös!"
5. „Stadtluft macht frei, hat mal irgendjemand gesagt!"
6. „Frischluft ist wichtiger!"
7. „Wenn du irgendwo in der Provinz wohnst und du verlierst eines Tages deinen Arbeitsplatz, dann nützt dir die ganze herrliche Natur auch nichts!"
8. „Die meisten Stadtbewohner sind doch deswegen so unzufrieden, weil sie gar nicht mehr wissen, wie es auf einer frisch gemähten Wiese riecht!"
9. „Wenn du auf dem Dorf wohnst, und du bist nicht Mitglied der Freiwilligen Feuerwehr und des Gesangvereins, dann bist du sehr schnell sozial isoliert!"
10. „Wer sich am Vereinsleben nicht beteiligen will, der sollte sich nicht wundern, wenn seine Nachbarn auch nichts für ihn übrig haben!"

b) Sprachen lernen
1. Eigentlich ist Deutsch gar nicht so schwer.
2. Grammatik muss man nicht mit dem Kopf lernen, sondern mit dem Bauch.
3. Am schlimmsten sind die Verben.
4. Jeder sollte heutzutage mindestens drei Sprachen fließend sprechen.
5. Am Tag kann man doch höchstens drei neue Wörter wirklich lernen.
6. Um eine neue Sprache zu lernen, muss man musikalisch sein.
7. Wer nicht als Kind beginnt, eine Fremdsprache zu lernen, hat sowieso keine Chance.

8   Wiederholung: Ergänzen Sie die Buchstaben oder Wörter:

1. Mei_____ Meinung nach ...
2. Ich bin _____ Meinung, dass ...
3. Ich bin nicht der Auf_____, dass ...
4. Das _____ ich auch so.
5. Das sehe ich _____ anders.
6. Das _____ ich für falsch.
7. Das _____ sicherlich.
8. Ich _____ diese Auffassung.
9. Ich _____ da (nicht) zu.
10. Ich stimme dem nur _____ zu.
11. Das _____ mich.
12. Das _____ zu.
13. Das _____ ich auch.
14. Das finde ich _____ nicht.
15. Das finde ich f_____.
16. Das _____ ich ab.
17. Das _____ mir fraglich.

9   Schreiben Sie einen kurzen Kommentar zu einer dieser Zeitungsmeldungen, in dem Sie Ihre Auffassung zu den berichteten Vorkommnissen bzw. Entwicklungen darlegen.

Idyllisch

Ofterschwang, 26. August (dpa). Ein Bauer aus dem Oberallgäuer Ferienort Ofterschwang muss 15 000 Euro Ordnungsgeld zahlen oder drei Monate in Haft, wenn er weiter Kühe mit Glocken auf seiner Wiese im Ortsbereich weiden lässt. Das Amtsgericht Sonthofen gab der Klage des Betreibers einer nahe gelegenen Pension Recht, dessen Gäste sich durch den Glockenklang unter anderem beim Anschauen von Tennisübertragungen im Fernsehen gestört fühlten. Der Allgäuer CSU-Landtagsabgeordnete Paul Diethei schimpfte, ein paar Querulanten versuchten, „unsere Allgäuer Traditionen Stück für Stück kaputtzumachen". Wer die Geräusche auf dem Land nicht verkraften kann, „soll sich eine Wohnung in einem Hochhaus kaufen". Der 53-jährige Landwirt Walter Haslach, der gegen die Verfügung Einspruch eingelegt hat, hat seinem Vieh zunächst die Glocken und Schellen abgenommen, sie hängen nun fein säuberlich aufgereiht im Stall.

Frankfurter Rundschau

Auf dem Land halten Ehen länger

Die Konfessionen spielen bei der Scheidungsrate fast keine Rolle

Hamburg (dpa) In der Bundesrepublik halten Ehen auf dem Lande länger als in Städten, spielt die Konfession für die Scheidungsrate kaum eine Rolle und der Bund fürs Leben gerät am häufigsten zwischen dem vierten und sechsten Jahr in Gefahr. Das stellte der Hamburger Soziologe Peter H. Hartmann fest. Während das Scheidungsrisiko von Ehen in den Stadtstaaten Hamburg, Bremen und Berlin, aber auch im Saarland weit über dem Bundesdurchschnitt liegt, gehen Ehen in den Flächenländern Niedersachsen, besonders aber in Bayern und Baden-Württemberg seltener in die Brüche. Das gilt vor allem für Niederbayern und die ländlichen Teile von Niedersachsen und Schleswig-Holstein. In einigen Groß- und Mittelstädten sind Scheidungen extrem häufig.

Iserlohner Kreisanzeiger

Leseverstehen

10 *Neue Landjugend* (Seite 56):
Verschaffen Sie sich zunächst einen Überblick über die Textsorte.

a)   In was für einer Publikation ist dieser Text erschienen?

b)   Wo – innerhalb dieser Publikation – war dieser Text vermutlich zu finden (auf welchen Seiten, unter welcher Rubrik)?

c)   Lesen Sie den ersten Abschnitt. Warum könnte man diesen Text als einen „Text über einen Text" bezeichnen?

d)   Über was für einen Text schreibt der Autor?
(Die Bezeichnung für einen solchen Text finden Sie im ersten Absatz.)

11   Lesen Sie zuerst die fünf Überschriften. Lesen Sie anschließend den Text kursorisch. Welche drei (von fünf) Überschriften (1.–5.) passen zu welchem Textabschnitt (A–C).

1.   Abwandern oder bleiben | A | B | C |

2.   Tradition bestimmt das Dorfleben | A | B | C |

3.   Jugend zwischen Dorf und Stadt | A | B | C |

4.   Dorfleben und Jugendkultur | A | B | C |

5.   Gesellschaftliche Entwicklungen in den Metropolen | A | B | C |

12   Der Text enthält eine Reihe abstrakter Begriffe (z.B. „Entfaltungsmöglichkeiten"). Aber was kann man sich konkret darunter vorstellen?

a)   Unterstreichen Sie die folgenden Begriffe im Text.

b)   Der Text gibt Ihnen für diese Begriffe keine Erklärungen – finden Sie selbst konkrete Beispiele, mit denen die abstrakten Begriffe verdeutlicht werden können.

Begriff	Beispiel(e)
die Infrastruktur auf dem Land	
eine dörfliche Tradition	
ein kulturelles Projekt	
ein traditioneller Verein	
die städtische Alternativkultur	
Entfaltungsmöglichkeiten	
Abwanderungsdruck	

13   Was ist eine Textkarte?

Jeder weiß, was eine Landkarte ist: die verkleinerte graphische Abbildung einer Landschaft mit Punkten, Räumen und Verbindungen dazwischen.
Eine Textkarte kann den Inhalt eines Textes abbilden, also die Informationen und die Verbindungen dazwischen; dazu werden Kreise, Kästen, Pfeile, Linien und anderes mehr benutzt.

Geben Sie den Inhalt des Textes in Stichwörtern auf einer „Textkarte" wieder. Ihre Textkarte könnte so aussehen (bitte ergänzen):

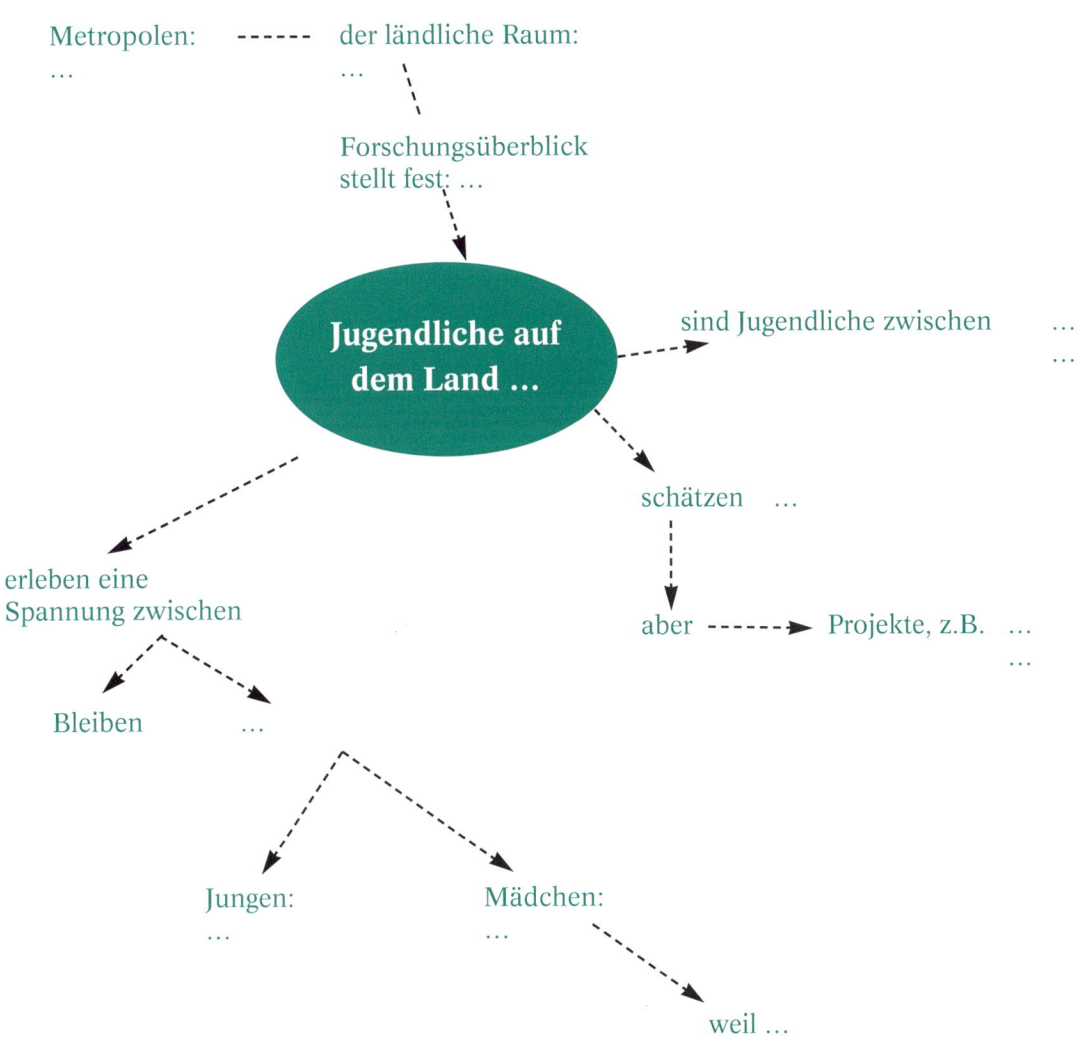

Soziologie

Neue Landjugend

A   Soziologen meinen oft, in den Metropolen die wichtigen Entwicklungen der modernen Gesellschaft zu finden. Dagegen gilt der ländliche Raum bei Sozialforschern als immer noch traditionell strukturiert. Lothar Bönisch und Heide Funk stellen dagegen in einem Forschungsüberblick zum Thema „Landjugend" fest, dass auch die ländlichen Regionen heute ein modernes Gesicht haben (DJI-Bulletin, Heft 1, Deutsches Jugend-Institut e.V., 1991). Die Landbewohner unterscheiden sich in Kleidung und Habitus kaum von den Städtern. Auch das Konsumniveau, die öffentliche Infrastruktur und die Dorfarchitektur sind modern geprägt. Angesichts dieses „neuen ländlichen Selbstbewusstseins" stehen die Jugendlichen heute vor einer neuen persönlichen Entwicklungsaufgabe, schreiben Bönisch und Funk. Sie müssten dabei eine eigene Identität finden, die nicht nach den Vorbildern aus der Großstadt geschaffen wird und sich dennoch von den dörflichen Traditionen freimacht. Die Jugendlichen orientierten sich heute am regionalen Nahraum; sie seien eine Jugend „zwischen Dorf und Stadt".

B   Die Jugendlichen schätzen – bis in die Schicht der Studenten hinein – die Vertrautheit der ländlichen Umgebung und den Zusammenhalt in der Clique und der Familie. Die Heimatregion wird aber auch als ein Raum erlebt, der anders gestaltet werden kann als die traditionelle Dorfwelt. So versuchen die Jugendlichen, eigene kulturelle Projekte in ihrer Heimatregion, Festivals, aufzuziehen. Diese Initiativen grenzten die Jugendlichen auf der einen Seite deutlich vom lokalen Kulturbetrieb der traditionellen Vereine ab. Auf der anderen Seite wollen sie sich damit auch von der städtisch inspirierten Alternativkultur abheben.

C   Die Initiatoren verbinden mit den Projekten auch soziale und berufliche Perspektiven. Denn trotz ihrer regionalen Verbundenheit blieben die Jugendlichen vor allem in strukturschwachen oder abgelegenen Gegenden der Spannung zwischen Bleiben und Abwandern ausgesetzt. Der Abwanderungsdruck hängt aber nicht nur von der ökonomischen Situation ab, sondern auch davon, welchen Status die Jugendlichen hätten. Der Abwanderungsdruck für die Mädchen sei größer, weil die Entfaltungsmöglichkeiten für die Mädchen geringer seien und sie einer stärkeren sozialen Kontrolle unterlägen als die Jungen.

pop.

Frankfurter Allgemeine Zeitung

14 Fassen Sie einige Informationen des Textes in sechs bis acht Aussagen zusammen. Sie können folgendermaßen beginnen: „Sozialforscher sind zu der Erkenntnis gekommen, dass …"

Wortschatz

15 Wie werden im Text diese Sachverhalte ausgedrückt?

a) Man denkt, dass der ländliche Raum noch immer traditionell strukturiert ist.

Der ländliche Raum gilt noch immer als traditionell strukturiert.

b) Ihre persönliche Entwicklung ist ein Problem für die Jugendlichen.

_____

_____

c) Vertrautheit und Zusammenhalt gefallen den Jugendlichen.

_____

_____

d) Die Jugendlichen machen Projekte.

_____

e) Sie wollen sich von der Alternativkultur unterscheiden.

_____

_____

f) Es gibt einen Zusammenhang zwischen Abwanderungsdruck und ökonomischer Situation.

_____

_____

16   Markieren Sie in den Sätzen, die Sie in Übung 15 gefunden haben, das Verb mit einem Oval. Benutzen Sie nun diese Verben, um folgende Sätze neu zu schreiben (ersetzen Sie dabei den unterstrichenen Ausdruck):

1. Vor einigen Jahren hat man begonnen auch auf dem Land klassische Musikfestivals zu <u>organisieren</u>.
2. Ob so etwas gelingt, ist <u>abhängig</u> von der Bereitschaft aller Beteiligten.
3. Solche Festivals wollen <u>sich</u> natürlich deutlich von städtischen Veranstaltungen <u>unterscheiden</u>.
4. Es hat sich herausgestellt, dass solche Festivals auf dem Land gerade Besuchern aus den Großstädten sehr <u>gefallen</u>.
5. Das Schleswig-Holstein-Musikfestival <u>wurde</u> lange als die bedeutendste Veranstaltung dieser Art <u>angesehen</u>.

17   Wörtern auf der Spur

Welche Unterschiede und Gemeinsamkeiten lassen sich bei folgenden Begriffen finden? (Wie kann man diese Wörter in Ihre Muttersprache übersetzen? Wenn man sie übersetzt – bedeuten sie dann noch dasselbe?)

Bauer – Landwirt – Hof – landwirtschaftlicher Betrieb

Schreiben

18   Formeller Brief

Im Unterschied zum persönlichen Brief werden „formelle" Briefe geschrieben, wenn man eine sachliche Beziehung zu seinem Briefpartner hat oder aufbauen will. Dies hat Auswirkungen auf den *Stil* eines solchen Briefes:
Allzu persönliche Dinge sollten entfallen (also nicht: „Nachdem ich viele Jahre im Ausland gearbeitet habe, wo es mir auch sehr gut gefallen hat, ...")
Vermutlich ist es so, dass Ihr Briefpartner täglich zahlreiche Briefe zu allen möglichen Themen erhält. Er will also möglichst schnell erkennen, worum es geht. Dazu verhilft eine gute Formulierung im Betreff und eine klare Gliederung.
Wenn man einen „formellen" Brief schreibt, ist es deshalb ratsam, sich strikt an folgende Regeln zu halten.

1. Schreiben Sie in dieser *Reihenfolge*:

Absender mit Adresse   akad. Grad. Vorname Name
Straße Hausnummer
Postleitzahl Ort
Telefon- und Faxnummer

Adresse des Empfängers   Frau/Herrn
akad. Grad. Vorname Name
Straße Hausnummer
Postleitzahl Ort

Datum
Betreff
Anrede
Brieftext
Schlussformel
ggf. „1 (2, 3 ...) Anlage(n)"   (Das ist der Hinweis
auf beigefügtes Informations- oder
Dokumentationsmaterial.)

2. *Linksbündigkeit:* Man beginnt jede Zeile ganz links.
Ausnahme: Das Datum, das ist rechtsbündig.

3. Beim *Betreff* können Sie schreiben:
   – „Betr.: Unterkunftsverzeichnis"
   – oder Sie schreiben einfach, vielleicht kursiv oder fett gedruckt,
   ohne „Betr." das Stichwort, in unserem Beispiel: *Unterkunftsverzeichnis*.

4. *Standardanrede:* „Sehr geehrte Damen und Herren" (wenn Ihnen
kein Name vorliegt) oder „Sehr geehrte(r) Frau / Herr Schneider".
Setzen Sie danach ein Komma und schreiben Sie mit kleinem Anfangsbuchstaben weiter.

5. Stets *mit großem Anfangsbuchstaben*: „Sie / Ihr(e/n/m/s),
Ihnen".

6. In vielen offiziellen Briefen geht es – logisch! – darum, dass mein
Briefpartner in meinem Interesse etwas tut, macht, unternimmt, in
die Wege leitet, weiterleitet, beantwortet oder doch wenigstens zur
Kenntnis nimmt. Es ist daher i.d.R. angebracht, dafür *im Voraus zu
danken*; dann können Sie beispielsweise schreiben: „Vielen Dank
für Ihre Bemühungen".

7. Standard*grußformel*: „Mit freundlichen Grüßen". Danach neuer
Absatz und Unterschrift. Schreiben Sie im Namen einer Firma, Ge-

sellschaft oder Organisation, dann folgt der Name der Institution, die Abteilung und dann Ihr Name, leserlich getippt, und darüber kommt dann Ihre handgeschriebene Unterschrift.

8. Und „formelle" Briefe schreibt man nur im äußersten Notfall mit der Hand, aber auch dann wie oben beschrieben.

19   Fehlerfahndung

Fahnden Sie in dem folgenden Brief nach Regelverstößen und sprachlichen Fehlern.

Hans Meier
Neanderstr. 127
40233 Düsseldorf

An die
Kurverwaltung
Postfach
Pellworm
25849

25. 1. ...

Betreffend: Unterkunftsverzeichnis

Sehr geehrte Herren!!!
Wir würden gern unseren Sommerurlaub auf der Nordseeinsel Pellworm verbringen und bitten Sie daher um Übersendung eines Unterkunftsverzeichnisses.

Vielen Dank für ihre Bemühungen.

Mit freundliche Grüßen

---

20 „Fahnden" Sie in Ihrer Lerngruppe nach jemandem, der/die aus beruflichen Gründen häufiger formelle Briefe verfassen und/oder lesen muss. Bitten Sie diese Person(en) um einen Kurzbericht darüber, worum es bei einem solchen Brief charakteristischerweise geht: z.B. um eine Anfrage, eine Bestätigung, eine Terminvereinbarung usw. Lassen Sie sich Stichwörter für einen Brief geben; planen Sie den Brief gemeinsam, schreiben Sie einen Entwurf und überarbeiten Sie ihn mit einem Lernpartner.

Diskussion

21 Tropicland

Die Situation

a) Nehmen wir an, dass „Ostrup" ein Dorf irgendwo in Norddeutschland ist, mit – sagen wir – 5000 Einwohnern. Die kleine Landmaschinenfabrik, die es hier früher einmal gab, ist vor drei Jahren Bankrott gegangen. Wer Arbeit sucht, muss nicht selten in die 45 km entfernte nächste größere Stadt pendeln.

Hinter dem alten Dorfteich liegt ein von Wald umgrenztes, schönes, parkähnliches Grundstück. Die Dorfbewohner lieben diesen Ort der Ruhe, gehen sonntags dort spazieren (ringsum sind nur Felder) und halten ihr jährliches Schützenfest – das wichtigste gesellschaftliche Ereignis in Ostrup – hier ab.

Nun hat eine Baufirma aus der Kreisstadt der Gemeinde das Angebot gemacht, just auf diesem Grundstück einen Freizeitpark namens Tropicland zu errichten – ein riesiges Schwimmbad, innen mit vielen Grünpflanzen und einer „Erlebnisbadelandschaft", außen mit ausreichend Parkplätzen für die vielen erwarteten Besucher aus den größeren Städten der Umgebung. Etwa 20 Dauerarbeitsplätze können nach Abschluss der Bauphase geschaffen werden.

Damit sich die hohe Investition lohnt, will die Baufirma jedoch keinen sehr hohen Preis für das Grundstück zahlen. Ferner hat die Baufirma mitgeteilt, dass man auch darüber nachdenke, Tropicland eventuell im 58 km entfernten Niederfelde zu bauen. Die Firma erwartet eine baldige Entscheidung.

Ihre Rollen

b) Simulieren Sie eine Diskussion am „runden Tisch". Als Teilnehmer sind u.a. dabei:

- Vertreter der Baufirma,
- Vertreter der örtlichen Handwerker
  (Tischlerei, Schlosserei,
  Installateure u.a.),

- Vertreter der örtlichen Jugend,
- einige ältere Dorfbewohner,
- Vertreter des Schützenvereins,
- der örtliche Bürgermeister.

Ihre Aufgaben

c) Verteilen Sie diese Rollen – und die Rolle des Bürgermeisters als Moderator – in Ihrer Lerngruppe. Nehmen Sie sich _____ (bitte einsetzen) Minuten als Vorbereitungszeit, in der Sie Argumente für Ihren Standpunkt zusammentragen und sich überlegen können, wie Sie auf die zu erwartenden Äußerungen der anderen Diskussionsteilnehmer reagieren wollen.
Simulieren Sie nun die Diskussion am „runden Tisch" (in Kleingruppen oder in der ganzen Lerngruppe). Führen Sie anschließend eine Abstimmung herbei (an der sich Baufirma und Bürgermeister nicht beteiligen dürfen).

d) Besprechen Sie abschließend, ob und auf welche Weise sich vergleichbare Probleme in Ihren Heimatländern stellen.

Eine richtige Großstadt

Bildbeschreibung

1 a) Geben Sie diesem Bild einen Titel.
b) Welche Situation ist hier dargestellt?
c) Falls Sie ein gutes Gedächtnis haben: Erzählen Sie
von einer vergleichbaren Situation, die Sie erlebt
haben.

Wortschatz

2 Das Stadtleben bietet – wie die meisten Dinge auf der Welt – neben Vorteilen auch Nachteile. Ordnen Sie die Wörter aus der folgenden Liste nach „Vorteilen / Nachteilen" und ergänzen Sie sie mit eigenen Ideen:

der Lärm – die Luftverschmutzung – die guten Verkehrsverbindungen überallhin – das kulturelle Angebot – die Einkaufsmöglichkeiten – die Menschenmassen – die überfüllten Verkehrsmittel – der Hauch der großen, weiten Welt – die Kriminalität – die hohen Lebenshaltungskosten – die Aus- und Weiterbildungsmöglichkeiten – das abwechslungsreiche Leben – die Möglichkeiten, den Arbeitsplatz zu wechseln – der Berufsverkehr – die hohen Mieten – die Parks und Gärten – …

Leben in der Großstadt

Vorteile	Nachteile

Redemittel

3 **Vorteile / Nachteile**

Wie müsste man diese Sätze abändern, wenn hier statt von „Vorteilen" von „Nachteilen" die Rede wäre?

In der Stadt hat man viele Einkaufsmöglichkeiten. Das ist ein Vorteil.
Die vielen Einkaufsmöglichkeiten sind ein Vorteil des Stadtlebens.
Für viele Menschen ist es ein Vorteil, wenn man in der Großstadt wohnt: Die Einkaufsmöglichkeiten sind einfach besser als auf dem Land.
Ein Vorteil des Stadtlebens besteht darin, dass man viele Einkaufsmöglichkeiten hat.
Ich würde gern in einer richtigen Weltstadt wohnen. Das hätte den Vorteil, dass …
Gegenüber dem Landleben hat das Leben in der Stadt den Vorteil der vielen Einkaufsmöglichkeiten.
Die vielen Einkaufsmöglichkeiten in der Stadt sind natürlich vorteilhaft.
Wenn es keine Probleme mehr gäbe, hätte das den Vorteil, dass man auch nicht mehr über Lösungen nachdenken müsste. Es hätte aber auch den Nachteil, dass es dann irgendwie langweilig würde. Oder?

4   Stadtleben

Verarbeiten Sie die Liste in Übung 2 zu einigen (schriftlichen)
Sätzen über das Stadtleben; benutzen Sie dabei die Redemittel aus
Übung 3.
Beispiel: Wenn man in einer Großstadt wohnt, muss man unter
Umständen eine hohe Miete zahlen. Das ist ein Nachteil.

5   Verkehrsprobleme

Mit Verkehrsproblemen muss sich jeder Stadtbewohner auseinanderset-
zen: Wohin mit den vielen Autos? Im Folgenden ein paar radikale Vorschläge. Analysieren Sie diese ein bisschen: Was wären jeweils die Vorteile, was die Nachteile?

– Fahrverbot für Autos von 6–10 Uhr und 16–20 Uhr;
– die ganze Innenstadt wird zur Fußgängerzone;
– in den Großstädten dürfen nur noch Einheimische Auto fahren,
  alle anderen müssen öffentliche Verkehrsmittel benutzen;
– Benzinpreis verdreifachen;
– neue Geschäfte dürfen nur noch eröffnet werden, wenn eine
  ausreichende Anzahl von Parkplätzen gebaut wird;
– wer auf dem Bürgersteig parkt, wird abgeschleppt …

6   Wohnen

Die Art und Weise, wie man wohnt, kann sehr unterschiedlich
sein und hängt von vielen Faktoren ab:

– zur Untermiete (bei einem anderen Wohnungsinhaber),
– in einer 1 (2, 3, 4 …)-Zimmer-Wohnung,
– in einem Einfamilienhaus,
– in einem Reihenhaus,
– in einem Mehrfamilienhaus,
– in einem Hochhaus,
– in einem Auto,
– in einem Zelt,
– in einem Wolkenkratzer,
– in einem Boot,
– in einem Baumhaus,
  …

Dies ist jedoch nicht die Reihenfolge der Wohnmöglichkeiten, wie sie
sich die meisten Menschen wünschen. Erarbeiten Sie mit einem / einer
Lernpartner / Lernpartnerin eine eigene Reihenfolge. Wo möchten Sie

am liebsten wohnen? Welche Vorteile hat das? Gibt es auch Nachteile.
Wo möchten Sie am wenigsten gern wohnen? Welche Nachteile würde
Ihnen das bringen?

Die besten Wohnmöglichkeiten und ihre Vorteile

1. _____

2. _____

3. _____

4. _____

5. _____

6. _____

   (…)

Leseverstehen

7   O-Ton-Bericht

In Radio- und Fernsehsendungen finden sich häufig sogenannte
O-Ton-Berichte (O steht für Original). Man unterscheidet zwischen dem
„Off" – einem räumlichen „Nirgendwo", aus dem die Autorenstimme
spricht – und den O-Tönen, die der Autor aufgenommen hat: Personen,
die interviewt wurden, Beteiligte an einem Geschehen, Experten u.a.m.
Der folgende Text „Warten auf die große Stadt" ist ein (geschrie-
bener) „O-Ton-Bericht". Nehmen wir an, Sie wären die protokollierende
Journalistin gewesen: Warum hätten Sie diese Darstellungsweise gewählt?

8   a) Lesen Sie die Überschrift und den Vorspann des Textes (Seite 68).
Entwickeln Sie daraus eine Hypothese, wovon der Text wahrscheinlich handelt:

_____

   b) Lesen Sie nun den Text einmal ganz durch (Vereinbaren Sie eine Zeit:
___ Min.). Besprechen Sie anschließend, ob Ihre Hypothese so richtig
war oder ob sie korrigiert werden muss.

9   Lesen Sie den Text nun *selektiv*. Die 19-jährige Marion, die hier zu Wort kommt, äußert sich ausführlich zum Leben in der Stadt – im Unterschied zum Leben auf dem Land bzw. in einer Kleinstadt.
Nachfolgend sehen Sie eine Tabelle. In der linken Rubrik sind Inhalte zusammengetragen worden, die sich auf Äußerungen von Marion über das Stadtleben beziehen. Markieren Sie beim ersten Lesen zunächst alle Textstellen, in denen Sie diese Aussagen wiederfinden. Lesen Sie dann den Text noch einmal. Konzentrieren Sie sich dabei darauf, was Marion zu den gleichen Fragestellungen über das Leben in der Kleinstadt / auf dem Land sagt. Notieren Sie Marions Aussagen in Stichworten in der Tabelle rechts.

1	Bildbeschreibung
2	Wortschatz
3 – 6	Redemittel
7–10	Leseverstehen
11–13	Wortschatz
14	Redemittel
15	Diskussion
16	Schreiben

Was Marion zum Großstadtleben sagt	Was Marion zum Leben in der Kleinstadt / im Dorf sagt
die Anonymität	
man kann fremde Menschen beobachten	
die Individualität	
man kann eine andere Rolle spielen, andere Kleidung tragen	
man erfährt sofort, was „in" ist	
viele Möglichkeiten, abends wegzugehen	
man könnte in einer Wohngemeinschaft leben	
man kann keine Natur erleben	

10 *Totales Lesen*

Sehen Sie an einigen Textstellen genau nach, ob folgende Behauptungen wirklich so im Text stehen. Nummerieren Sie vorher die Zeilen.

Ja Zeile/n nein

1. Seit ihrer Kindheit träumt Marion von der Großstadt.
2. Vor drei Jahren ist Marion ans Meer gefahren.
3. In Berlin begann ihre richtige Sehnsucht nach der Großstadt.
4. Es gefällt Marion, unter vielen Menschen allein zu sein.
5. Man kann in der Großstadt sowohl allein sein als auch viele Menschen treffen.
6. In Cafés kann man viel lesen.
7. Dass jeder jeden kennt, hat nicht nur Nachteile.
8. In München gibt es nicht so viele individuelle Menschen.
9. In München kommen neue Filme z.B. viel später als anderswo.
10. Marion möchte ihre alten Freunde behalten.
11. Wenn man viel von der Welt gesehen hat, ist das ein Vorteil.
12. Der Stadtalltag gibt Kindern Geborgenheit.

Warten auf die große Stadt

„Ich will unbedingt raus aus dieser furchtbaren Enge und mehr vom Leben mitkriegen", sagt Marion, 19, die in einem Dorf bei Weilheim wohnt. „Sobald ich mein Abitur habe, ziehe ich in eine richtige Großstadt."

„Schon als Kind haben mich Großstädte fasziniert. Wenn ich mit meinen Eltern nachts durch eine Stadt gefahren bin, habe ich völlig gebannt aus dem Fenster gesehen. Die vielen Lichter und Menschen, die Autos – alles war so riesig und beeindruckend. Seitdem träume ich davon, in einer Großstadt zu wohnen.

Vor drei Jahren war ich zum ersten Mal ohne meine Eltern im Urlaub. Ich habe mich mit meiner Freundin in den Zug gesetzt und bin nach Berlin gefahren. Das war das erste Mal, dass ich mich im Urlaub so richtig wohl gefühlt habe – noch viel wohler, als wenn ich irgendwo am Meer gesessen hätte: Das Leben auf der Straße, die vielen völlig unterschiedlichen Menschen und die alte Berliner U-Bahn mit den Straßenmusikern. Seitdem habe ich richtig Sehnsucht nach einer Großstadt.

Wenn ich das Abitur geschafft habe, möchte ich erst einmal ein Jahr lang jobben. Möglichst verschiedene Jobs, einfach Erfahrungen sammeln. Und das kann man am besten in einer großen Stadt.

Vielleicht ziehen mich Großstädte deshalb an, weil ich gerne allein bin: In einer Stadt ist man auf ganz eigene Art alleine. Man geht dort einfach in der Masse unter. Das mag ich. Man kann sich in sich selbst zurückziehen. Manche stört es vielleicht, wenn alles so überfüllt ist. Ich brauche das.

Ich gehe zum Beispiel wahnsinnig gerne einkaufen in einer großen Stadt. Es ist ein unglaubliches Gewühle, doch ich bin trotzdem für mich. Die Anonymität ist wie ein Schutzmantel – wenn ich in Weilheim einkaufen gehe, kotzt mich das an. Immer die ewiggleichen Gesichter.

In einer Großstadt kann man aber nicht nur besser allein sein, man hat andererseits auch viel mehr Möglichkeiten, mit Menschen in Berührung zu kommen. In Berlin habe ich jeden Tag neue Leute kennen gelernt, interessante Leute, die dich auch in deiner eigenen Entwicklung weiterbringen.

Menschen zu beobachten, ist mein großes Hobby. Am liebsten setze ich mich in ein Café oder eine Kneipe und sehe ihnen zu – wie sie zum Beispiel mit ihren Händen gestikulieren – daraus kann man sehr viel lesen. Ob jemand schüchtern ist oder aufgeschlossen. Ob jemand ehrlich ist oder ein Schauspieler. In einer richtigen Stadt gibt es so viele verschiedene und lustige Typen, dass man tagelang nur schauen könnte.

Wenn man hier in Weilheim in einem Café sitzt, trifft man nur irgendwelche Bekannten. Jeder kennt hier jeden. Das ist manchmal o.k., aber doch nicht immer. Alles ist so eng und begrenzt. Es kommen kaum neue Leute hinzu. Und der ganze Tratsch interessiert mich sowieso nicht. So ein Cliquenmensch war ich noch nie. Ich bin hier auch nicht so verwurzelt. Deshalb fahre ich schon jetzt oft nach München, wenn ich Zeit habe. Da bin ich dann ganz für mich.

München ist aber nicht das Nonplusultra. Im Grunde handelt es sich nur um eine große Kleinstadt. Dort ist alles ein bisschen zu trendmäßig, man macht nur das, was gerade angesagt ist. In Wien, Berlin, Paris oder Madrid ist das ganz anders. Dort gibt es noch viel ausgefallenere, individuellere Menschen.

Das bedeutet Großstadt für mich eben auch: Individualität. In einer Kleinstadt wird man dauernd in eine Rolle gepresst, man fühlt sich ständig beobachtet, darf sich nur auf eine bestimmte Art und Weise verhalten. In einer richtigen Stadt kann man auch mal völlig andere Rollen spielen, so sein, wie man normalerweise gar nicht ist. Das fängt schon bei der Kleidung an. Auf dem Land wird es nur schwer akzeptiert, wenn sich einer jeden Tag in einem anderen Stil kleidet. Ich habe zum Beispiel so einen verknautschten Samthut. Doch wenn ich mit dem in unserem Dorf oder in Weilheim unterwegs bin, werde ich nur angeglotzt – als wäre ich eine Außerirdische.

Das mit der Mode ist überhaupt so eine Sache. In der Stadt sitzt man einfach an der Quelle. Man kriegt gleich mit, was *in* ist – auch bei der Musik oder bei Filmen. Hier draußen kommt alles Wochen, Monate, oft Jahre später. Wenn man abends weggehen will, ist man total aufgeschmissen. Wo will man schon hingehen? Hier gibt es nun mal nur eine einzige passable Kneipe.

Egal, was ich auch unternehme – vom Leben in der Großstadt erhoffe ich mir Abwechslung. Das fängt schon im Alltagsleben an – auf dem Gemüsemarkt zum Beispiel. Als ich mit 13 das erste Mal in Rom war, hatte ich ständig Tagträume: Ich träumte von einem Zimmer in irgendeinem der alten, heruntergekommenen Häuser und davon, nebenan auf dem kleinen Markt einkaufen zu gehen und einfach mein Leben zu leben.

Ich habe auch keine Angst vor der Stadt. Viele fürchten die Einsamkeit. Aber ich bin sicher, dass ich überall Freunde finden kann. Das heißt ja nicht, dass ich alte Freundschaften aufgeben will. Gleichgültig, wohin man geht – die wirklich guten Freunde und die Familie verliert man sowieso nicht. Das ist ja gerade das Schöne: wenn man zurückkommt und einen Platz hat. Mein Zuhause wird immer meine Sicherheit sein, egal ob das mein Zimmer hier auf dem Land ist oder ein Zimmer in einer Wohngemeinschaft in der Stadt. Da fühle ich mich sicher und geborgen, wie in einer Höhle. Ich würde eigentlich jetzt schon gerne in einer Wohngemeinschaft leben, aber ich kenne in Weilheim keine einzige. Sowas gibt es auf dem Land nicht.

Die Großstadt ist sicher nicht für jeden das Richtige. Nur wer kontaktfreudig genug ist, sollte hier leben. Sonst geht man drauf. Leute ansprechen, auf sie zugehen – das muss man schon draufhaben oder muss zumindest fähig sein, es zu lernen.

Natürlich hat der Alltag in einer Kleinstadt oder einem Dorf auch Vorteile. Man kennt viele Leute, wird beim Einkaufen netter bedient. Ich mag es auch, wenn ich auf Festen viele Bekannte treffe. Auch die Traditionen, die hier noch gepflegt werden, sind was Schönes. Aber solche Werte lernt man doch erst richtig schätzen, wenn man schon viel von der Welt gesehen hat.

Für mich hoffe ich jedenfalls, dass ich durch die Stadt offener werde und mich weiterentwickle. Wenn man viel sieht und viel erlebt, bekommt man Weitblick und versteht das Leben besser.

Eines werde ich aber vermissen: die Natur. Gerade Weilheim liegt wunderschön am Alpenrand. Aber vielleicht kann ich das alles umso mehr genießen, wenn ich in Urlaub fahre oder meine Eltern besuche. Außerdem weiß ich schon jetzt, dass ich eines Tages wieder zurückkomme. Spätestens dann, wenn ich Kinder habe. Denn, wenn ich ehrlich bin, dann bin ich doch froh, auf dem Land aufgewachsen zu sein. In der Großstadt hat man eine ganz andere Kindheit. Wenn man den Stadtalltag von klein auf erlebt, verliert man vielleicht zu schnell seine Naivität. Ich will, dass meine Kinder mal die gleiche Geborgenheit mitbekommen wie ich. Aber über dieses Alter bin ich jetzt hinaus. Ich bin viel zu neugierig auf die Großstadt – ich möchte einfach so viel erleben."

JETZT

Wortschatz

11   Verben

a)   Suchen Sie im Text nach den folgenden Verben. Schreiben Sie zuerst in Kurzform den Satz heraus, in dem diese Verben im Text verwendet werden.

faszinieren: _____

sammeln: _____

anziehen: _____

weiterbringen: _____

schätzen: _____

b)   Sie möchten nun Ihren Lernpartner befragen. Entwickeln Sie zuerst ein paar Interviewfragen. Verknüpfen Sie dazu jeweils eines der obigen Verben mit dem Fragewort *was?*, *welche?* oder *wodurch?*

Beispiel: Was fasziniert Sie an einer großen Stadt?
Wodurch …?
Welche …?

12 Umgangssprache

Marion ist, wie Sie gelesen haben, 19 Jahre alt. Im mündlichen Sprachgebrauch, vor allem (?) bei Jugendlichen, finden Sie sehr oft umgangssprachliche Wendungen, die man im geschriebenen Hochdeutsch so nicht verwendet. (Überhaupt sollte man sich sprachlich sehr sicher fühlen, bevor man solche Wendungen selbst benutzt.) Hier geht es darum, die folgenden Wendungen möglichst aus dem Kontext zu erklären bzw. eine Erklärung zu versuchen.

mitkriegen _____

jobben _____

das kotzt mich an _____

Typen _____

Tratsch _____

Clique _____

das Nonplusultra _____

trendmäßig _____

was angesagt ist _____

anglotzen _____

aufgeschmissen sein _____

passabel _____

man geht drauf _____

13   **Wortfamilie *Stadt***

Ordnen Sie die Wörter links den folgenden vier Gruppen zu.

	Landschaft	Gebäude	Menschen	Anderes	

Stadtarchiv
Stadtautobahn
Stadtbahn
Stadtbevölkerung
Stadtbewohner
Stadtbezirk
Stadtbibliothek
Stadtbücherei
Stadtbummel
Stadtchronik
Stadtflucht
Stadtführer
Stadtgebiet
Stadtgrenze
Stadtkern
Stadtmensch
Stadtmitte
Stadtpark
Stadtplan
Stadtrand
Stadtrat
Stadträtin
Stadtrundfahrt
Stadtstaat
Stadtteil
Stadttheater
Stadtväter
Stadtviertel
Stadtwappen
Stadtwerke
Stadtzentrum
(…)

Redemittel

14 Beratung

Nehmen wir an: Ein Kollege, mit dem Sie eng zusammenarbeiten, teilt Ihnen eben mit, was er sich am Wochenende überlegt hat – er will die Firma verlassen und sich eine neue Stelle suchen. Sie haben in unserem Fall drei Möglichkeiten zu reagieren:

Möglichkeit 1: (ihm) zuraten

Möglichkeit 2: (ihn) auffordern, die Entscheidung zu überdenken

Möglichkeit 3: (ihm) abraten

a) Überlegen Sie, ob Sie die folgenden Redemittel bei Möglichkeit 1, 2 oder 3 verwenden würden. Legen Sie auf einem separaten Blatt eine Tabelle mit drei entsprechenden Rubriken an und ergänzen Sie die (Teil-) Sätze. Beachten Sie, dass die Zuordnung nicht immer einfach ist. Manches kann auch mehrfach zugeordnet werden.

    a   Das würde ich mir aber noch einmal überlegen.
    b   Da würde ich nicht lange überlegen.
    c   Sie sollten …
    d   Sie sollten auch nicht vergessen … zu …
    e   Vielleicht sollten Sie auch daran denken, … zu …
    f   Wenn ich Ihnen einen Rat geben darf (einen Ratschlag erteilen darf): …
    g   Es wäre keine schlechte Idee, wenn Sie … würden.
    h   Man könnte auch überlegen, ob man nicht …
    i   In jedem Fall muss man …
    j   Auf keinen Fall sollten Sie vergessen, …
    k   Vielleicht könnten Sie …
    l   Es hätte einige Vorteile, wenn …
    m   Bestimmt können Sie …
    n   Denken Sie auch an …
    o   Das würde ich an Ihrer Stelle auch tun.
    p   Ziehen Sie in Betracht, dass …
    q   Es geht auf keinen Fall ohne … (Ohne dass Sie …).
    r   Sie müssen unbedingt …
    s   Sie werden einige Probleme bekommen, wenn Sie …
    t   Ich würde Ihnen empfehlen …
    u   Wenn ich Sie wäre, würde ich (vielleicht) …
    v   Es wäre sehr nützlich, wenn …
    w   Da kann ich Ihnen nur zuraten / abraten.
    x   Ich rate Ihnen auf jeden Fall zu / ab.
    y   Es wäre nicht schlecht, wenn …
    z   Ich könnte mir gut vorstellen, dass …

b) Schreiben Sie einen kurzen Text, in dem Sie jemandem zu- oder abraten, und zwar

  – Ihrer Kollegin, die ihren Arbeitsplatz wechseln will;
  – Ihrer Schwester, die sich eine extreme Kurzhaarfrisur
     zulegen will;
  – Ihrem Freund, der drei Kinder, zwei Hunde und einen Wellensittich hat und sich nun eine Katze anschaffen will.

c) Hätten Sie Lust, der (kritischen? idealistischen? naiven? selbstbewussten? ...) Marion aus dem Text einen Rat oder Ratschläge zu erteilen, z.B. in einem Brief? Welche?

Diskussion

15 Sparmaßnahmen

Das Problem

a) Nehmen wir an, die Stadtverwaltung einer Großstadt steht vor leeren Kassen. Für das laufende Haushaltsjahr wurde ein voraussichtlich hohes Defizit im Haushalt vorausberechnet; ein Teil ihrer öffentlichen Dienstleistungen kann nicht mehr finanziert werden. (Kennen Sie solche Fälle aus der Wirklichkeit? Dann berichten Sie an dieser Stelle über vergleichbare Probleme und was man dagegen getan hat bzw. noch tun will.)

In unserem Fall stehen folgende Maßnahmen zur Diskussion:

A   Schließung des städtischen Hallenbads;
B   Schließung eines Jugendzentrums;
C   Abschaltung der Straßenlaternen und Ampeln nach 23.00 Uhr;
D   Stopp des Neubauprogramms für Kindergärten;
E   seltenere Pflege der städtischen Grünanlagen;
F   Müllabfuhr nur noch einmal (statt wie bisher zweimal)
    wöchentlich.

Mit jeder einzelnen Maßnahme lässt sich der gleiche Geldbetrag einsparen. Die aktuelle Höhe des Haushaltsdefizits kann jedoch noch nicht genau berechnet werden. Daher ist es notwendig, einen – unpopulären – Maßnahmenkatalog aufzustellen, der festlegt, welche Maßnahmen zuerst und welche erst später in Kraft treten werden.

Ihre Rolle

b) Simulieren Sie in Ihrer Kleingruppe eine Diskussion des „Haushaltsausschusses".

Ihre Aufgabe

c) Diskutieren Sie die einzelnen Maßnahmen mit allen ihren Nachteilen, Folgen usw. durch. Entscheiden Sie schließlich über eine Rangfolge: Welche drei Maßnahmen würden Sie als erste ergreifen und warum? Halten Sie Ihre Entscheidungen und die jeweilige Begründung schriftlich fest. Zeitlimit: ___ Minuten.

Im Plenum

d) Wählen Sie einen Diskussionsleiter. Tauschen Sie die Ergebnisse der Gruppenbesprechungen aus. Können Sie sich auf eine gemeinsame Rangfolge von Maßnahmen einigen?

Schreiben

16 Beschreibungen

Denken Sie an eine Stadt, die Sie gut kennen. Beschreiben Sie diese Stadt unter einem bestimmten Aspekt:

a) aus der Perspektive eines Autofahrers, der von einem Außenbezirk in die Innenstadt fährt, oder
b) aus der Perspektive einer Person, die auf einem der Plätze der Stadt auf einer Bank sitzt, oder
c) aus der Perspektive einer Person, die im obersten Stockwerk eines Hochhauses am Fenster steht.

Planen
Legen Sie eine kleine Zeichnung, Skizze o.ä. der „Fahrstrecke" bzw. der „Aussicht" an.

Formulieren
Sammeln Sie sprachliches Material zur Beschreibung jener Dinge, die bei dieser Aufgabe ins Blickfeld rücken.

Überarbeiten
Schreiben Sie einen Entwurf (einigen Sie sich zuvor auf eine Wortzahl) und überarbeiten Sie ihn anschließend mit einem Lernpartner.

Meine Frau, die bleibt zu Hause

Wortschatz

1 Familienstand

Ehe

getraut

Bräutigam

verheiratet

geheiratet

Familienstand

Braut

Trauung

Hochzeit

Eheschließung

Polterabend

Verlobung

heiraten

Junggeselle

Scheidung

geschieden

Single

Ehepartner

unverheiratet

Ehepaar

verlobt

Amtssprachlich können Sie in Deutschland Ihren _____(1) wie folgt angeben:

☐   ledig
☐   _____ (2)
☐   geschieden
☐   verwitwet

Heiraten ist eine ernste Angelegenheit. Um die ___ (3) zu schließen, müssen die künftigen Ehepartner beim Standesamt bestimmte Formalitäten erledigen. Sie werden dann von einem Beamten – meist im Rahmen einer kleinen Feier – standesamtlich ___ (4). Dazu sind auch zwei Trauzeugen – in der Regel aus dem Verwandten- oder Freundeskreis – erforderlich, die mit ihrer Unterschrift die ___ (5) bestätigen. Es folgt, sofern die Eheleute dies wünschen, die kirchliche ___ (6). Die traditionelle Kleidung am Traualtar ist bekannt: die ___ (7) in Weiß, der ___ (8) im dunklen Anzug. Nach der Hochzeit sind aus Freund und Freundin Ehemann und Ehefrau geworden. Nach altem Brauch kann 25 Jahre nach dem Tag, an dem beide ___ (9) haben, die silberne, nach 50 Jahren die goldene und nach 60 Jahren die diamantene ___ (10) gefeiert werden.

Scherben bringen Glück! Dieses Sprichwort wird am sogenannten ___ (11) wahr, der mancherorts begangen wird. Am Abend vor der Hochzeit versammeln sich Freundinnen und Freunde dort, wo das künftige ___ (12) wohnen wird, um mit viel Lärm (altes) Porzellan vor die Tür zu werfen.

Im Unterschied zur Hochzeit ist die ___ (13) etwas Inoffizielles. Anders gesagt: Zwei Menschen sind ___ (14), wenn Sie – unter Umständen auch im Rahmen einer kleinen Feier – ihre Verlobung erklären. Sie bringen damit zum Ausdruck, dass sie in absehbarer Zeit einmal ___ (15) wollen.

Wer nicht verheiratet ist, wird (neuerdings) als ___ (16) bezeichnet; für noch nicht verheiratete Männer war und ist immer noch die Bezeichnung ___ (17) gebräuchlich.
Wenn ein ___ (18) verstirbt, bleibt der andere als Witwe bzw. Witwer zurück.

Wer eine glückliche Ehe führt, ist gut dran. Doch manche Ehe scheitert. Eheleute können sich – nach einem bestimmten juristischen Reglement – scheiden lassen. Während dieser Zeit leben beide Ehepartner in Scheidung. Die ___ (19) muss von einem Gericht offiziell vollzogen werden. Danach ist ihr offizieller Familienstand: ___ (20).
Lebt ein Elternteil – ob ___ (21) oder geschieden – mit einem oder mehreren Kindern allein, ist in der Amts- wie in der Umgangssprache von einer „alleinerziehenden" Mutter (seltener von einem „alleinerziehenden" Vater) die Rede.
Auf behördlichen Formularen wird, wenn Kinder angegeben werden müssen, unterschieden zwischen „ehelichen" und „nichtehelichen" Kindern.

2   Notieren Sie den Wortschatz zum Thema *Familienstand* (aus Übung 1) in diesen vier Rubriken:

Personen	Feier	Verben	Adjektive

3   **Deutschland**

Die ___ (1) macht die Männer dick
Studie beweist: Nach der ___ (2) kommt der Bauchspeck

Wenn Männer auf ihre Figur achten wollen, sollten sie den Gang zum Altar vermeiden.
Eine Studie der „Deutschen Gesellschaft für Ernährung" in München kann endlich beweisen, was bislang immer nur vermutet wurde: ___ (3) Männer sind wesentlich „umfangreicher" als ___ (4). Jeder dritte Ehemann in Deutschland zwischen 25 und 34 Jahren hat Übergewicht, bei ___ (5) zwischen 35 und 44 Jahren bringt bereits schon jeder zweite zu viele Kilos auf die Waage. Fördert das ___ (6) anscheinend das Idealgewicht, so steigt offensichtlich die Lust auf üppiges und oftmaliges Essen proportional mit der Anzahl der ___ (7) an.
Die Ernährungswissenschaftlerin Ulrike Gonder bietet einen Erklärungsansatz an: „Die Männer werden einfach bequemer, sie investieren mehr Geld in Essen und verbringen den Feierabend lieber (essend?) vor dem Fernseher, als auf den Fußballplatz zu gehen. Auch für Männer gilt,

was früher nur Frauen unterstellt wurde: Sobald sie im sicheren Hafen
der ___ (8) gelandet sind, langen sie ungeniert zu."
Die „Centrale Marketinggesellschaft der deutschen Agrarwirtschaft"
(CMA) schloss sich der Studie an und kann Folgendes berichten:
„Der deutsche Mann ist erst so richtig ___ (9), wenn er sein Wiener
Schnitzel (!), sein Schweinskotelett oder seinen Rindsbraten vor sich
stehen hat." Obst, Gemüse, Fisch und Geflügel finden hingegen ___ (10)
Zugang zu den männlichen Mägen.
Die meisten Männer nehmen ihren Bauchspeck – ___ (11) Frauen –
lieber hin als abzunehmen. Gonder: „Männer sind toleranter – zumin-
dest, was ihre eigenen Kilos betrifft." Immerhin finden 65 Prozent
der deutschen ___ (12) ihre Figur „voll in Ordnung". ___ (13) jede zweite
Frau schon eine Abmagerungskur hinter sich hat, versucht nur jeder
vierte Mann, das Fett wegzubringen.

Wählen Sie das jeweils passende Wort (A, B, C oder D) für die Lücke aus.
(Lesen Sie zunächst den ganzen Text einmal durch. Wenn Sie die
Hauptaussage verstanden haben, lassen sich die Aufgaben besser lösen.)

	A	B	C	D
1	Ehe	Hochzeit	Trauung	Scheidung
2	Scheidung	Ehe	Angelegenheit	Hochzeit
3	verheiratete	unverheiratete	geschiedene	heiratende
4	verheiratete	unverheiratete	geschiedene	heiratende
5	Männern	Frauen	Singles	Unverheirateten
6	Ehedasein	Unverheiratetsein	Junggesellendasein	Zusammenleben
7	Ehejahre	Hochzeiten	Junggesellen	Trauungen
8	Hochzeit	Ehe	Scheidung	Heirat
9	böse	unglücklich	glücklich	verheiratet
10	weniger oft	häufiger	ebenso oft	ebenso wenig
11	wie auch	ebenso wie die	ähnlich wie	im Gegensatz zu
12	Männer	Eheleute	Frauen	Junggesellen
13	Nachdem	Obwohl	Während	Trotz der Tatsache, dass

Bildbeschreibung

4   Zwei Fotos: früher – heute. Wie sehr sich die Situation der Frauen in der Gesellschaft über die letzten Jahrzehnte verändert hat, wird anhand dieser Fotos deutlich; das eine Foto stammt aus den fünfziger, das andere aus den neunziger Jahren.

a) Geben Sie jedem Foto einen Titel.
b) Beschreiben Sie, welche Situation auf den Fotos dargestellt wird.
c) Diskutieren Sie einige Unterschiede, indem Sie folgende Stichwörter berücksichtigen:

Kinder großziehen
einen Beruf ergreifen
sich selbst verwirklichen
Karriere machen
sich die Arbeit teilen
auf Kinder verzichten
den Haushalt führen und die Familie versorgen

5   Formulieren Sie einige Ergebnisse Ihrer Diskussion schriftlich in vier Sätzen und verwenden Sie dabei folgende Formulierungen:

1. Im Unterschied zu früher …
2. Wenn man die Situation in früheren Jahren mit heute vergleicht, muss man feststellen, dass …
3. Es ist heute selbstverständlich geworden, dass …
4. Die Probleme, die sich heute zeigen, bestehen darin, dass …

Leseverstehen

6   In den folgenden zwei Texten äußern sich zwei junge Menschen (Angela und Timo) zu ihren Vorstellungen von der Rolle einer Frau bzw. eines Mannes.

a)   Lesen Sie beide Texte in nicht mehr als … (bitte einsetzen) Minuten. Schließen Sie das Buch. Tragen Sie mündlich einige Äußerungen von Timo und Angela zusammen; kommentieren Sie hier schon, was Sie für richtig oder falsch, unverständlich oder rätselhaft, verständlich und einleuchtend, empörend oder nachdenkenswert halten.

b)   Lesen Sie nun beide Texte selektiv, d.h. suchen Sie nach ganz bestimmten Informationen. Notieren Sie in Stichwörtern, welche Aussagen Angela bzw. Timo machen. Dazu legen Sie am besten einen separaten Zettel an, auf dem Sie Ihre Notizen folgendermaßen strukturieren können:

	Kinder	eigene Zukunft	Karriere	Aufgaben des Vaters	Aufgaben der Mutter
Angela					
Timo					

7   **Gemeinsamkeiten und Unterschiede**

Fassen Sie in 150 Wörtern zusammen, was Timo und Angela verbindet bzw. was sie voneinander trennt. Dabei können Sie u.a. folgende Redemittel verwenden:

… unterscheiden sich in ihren Ansichten.
Während Timo … , meint Angela, dass …
… haben ähnliche / unterschiedliche Auffassungen zu der Frage …
… sehen beide ganz unterschiedlich.
Zu diesem Thema haben sie völlig entgegengesetzte Vorstellungen.
Sie unterscheiden sich (nicht) in ihren Ansichten zu …

Nehmen Sie anschließend Stellung zu einer oder mehreren Äußerungen von Timo und/oder Angela (50 Wörter).

Meine Frau, die bleibt zu Hause

Timo hat gerade seinen siebzehnten Geburtstag gefeiert. Er besucht ein Gymnasium in Würzburg.
Über die Zukunft der Frau, die er einmal heiraten wird, hat er schon ganz genaue Vorstellungen.

Timo, du möchtest Jurist werden, heiraten und vier Kinder haben. Was ist, wenn deine zukünftige Frau der Meinung ist, dass du die Kinder großziehen sollst?
Dann ist das nicht meine zukünftige Frau.
Ach so.
Ja. Die Frau, die ich mal heirate, bleibt zu Hause, bei unseren Kindern.
Und warum du nicht?
Die Mutter ist die Mutter. Ich finde das überhaupt ziemlich schlimm, wie die Frauen heute über ihre Kinder sprechen. Wie über Autos.
Was meinst du damit?
Ja. So. Naja, wie ich gesagt habe: Park' ich mal mein Kind für fünf Stunden im Kindergarten. Oder: Park' ich mal mein Kind für den halben Tag bei so einer Tagesmutter. Nur, damit die richtige Mutter sich mit ihren Freundinnen treffen kann. Oder, meinetwegen, arbeiten geht. Wozu? Braucht sie oft gar nicht. Wenn der Mann genug für die Familie verdient? Dann lässt sie ihre Kinder im Stich. Das finde ich nicht gut.
Was findest du daran nicht gut?
Das ist, ja, irgendwie herzlos. Ja, absolut herzlos. Das hört sich vielleicht jetzt blöde an. Aber ich weiß, wovon ich rede. Ich habe noch zwei kleinere Geschwister. Einen Bruder und eine Schwester. Und meine Mutter will jetzt wieder in ihren Beruf. Meine Schwester wird vier. Die ist seit einem Jahr im Kindergarten. Das ist nicht gut für sie. Sie ist zu klein.
Was macht deine Mutter denn?
Ach. Sie war mal in der Sonderpädagogik. Das ist ja auch schon ewig

her. Jetzt geht sie erst mal als Gasthörerin an die Uni.
Und das passt dir nicht?
Ja, genau. Warum kümmert sie sich nicht um ihre eigenen Kinder?
Du wirst auch bald zur Universität gehen, um Jura zu studieren?
Das ist doch was ganz anderes.
Findest du?
Ich habe ja mein Leben noch vor mir. Ich muss meine Zukunft planen.
Wie alt ist deine Mutter?
Hm, so wie Sie? Vielleicht ein bisschen jünger? 39 Jahre, glaube ich.
Du möchtest, dass sie zu Hause bleibt?
Ja.
Für euch, für euch Kinder und für deinen Vater?
Stimmt. Das ist doch auch eine wichtige Aufgabe. Oder? Ich finde das jedenfalls.
Warum tut es dann dein Vater nicht?
Es ist die Aufgabe der Frau.
Du willst nicht, dass deine Mutter nun etwas ganz anderes machen will. So etwas wie du zum Beispiel?
Wie ich? Wieso ich?
Zur Uni gehen und studieren. Sich auf ihre Zukunft vorbereiten.
Aber sie hat doch uns.
Warum sollte es deiner kleinen Schwester schlecht bekommen, in den Kindergarten zu gehen?
Sie weint manchmal. Bei mir ist meine Mutter zu Hause geblieben. Das war besser für mich. Dann kam mein Bruder. Da war ich zehn. Und drei Jahre später meine Schwester.
Den Kindern in der DDR damals ist das ja auch nicht gut bekommen. Das sieht man ja heute, was da los ist.
Du hast deine Mutter sehr lange für dich gehabt?
Das Kind braucht die Mutter. Ich habe nichts gegen die Gleichberechtigung. Aber was heute so los ist. Die vielen Scheidungen. Und dann Drogenprobleme und all das.

Hast du dafür eine Erklärung?

Das kommt, weil die Familien alle kaputtgehen. Weil sich die Frauen alle selbstverwirklichen wollen.

Du sprichst das Wort sehr spöttisch aus, Timo.

Naja. Ist doch wahr. Wenn die Frauen Karriere machen wollen, sollen sie keine Kinder in die Welt setzen.

Welche Aufgabe hat denn deiner Meinung nach der Vater?

Der Vater ist keine Mutter.

Und was heißt das?

Der Vater kann nicht schwanger werden. Der Vater kann dem Kind nicht die Brust geben.

Aber die schmutzigen Windeln kann er genauso gut wechseln wie die Mutter, oder?

Klar, das kann er. Das sollte er auch tun, damit er auch einen guten Kontakt zum Kind hat.

Wie schön. Nur, wie willst du das machen, wenn du den ganzen Tag in der Uni bist und Jura studierst?

Solange ich studiere, heirate ich nicht. Und dann baue ich mir eine eigene Praxis auf. Ich könnte das gar nicht so gut wie eine Frau.

Als Rechtsanwältin arbeiten?

Nein! Das doch nicht! Die Kinder versorgen, meine ich.

Mit Timo sprach Viola Roggenkamp

Karriere, Kinder und ein Mann

Angela ist 17 Jahre alt. Sie ist Chefredakteurin einer Schülerzeitung und besucht ein Gymnasium in einer Kleinstadt in Südbayern. Angela ist eine sehr gute Schülerin. Wenn sie darauf angesprochen wird, errötet sie.

Bist du nicht gern die beste Schülerin deiner Klasse, Angela?

Ja, doch. Schon. Nur. Es ist nicht so einfach.

Wie meinst du das? Tust du sehr viel dafür?

Auch. Aber nicht unbedingt. Mathe und Naturwissenschaften sind meine Lieblingsfächer.

Aha.

Ja, das hört sich irgendwie blöd an. Ich weiß.

Wieso blöd?

Ja, Streber. Sind ja auch nicht gerade typische Mädchen-Fächer. Aber das finde ich gerade gut. Ich will Ärztin werden.

Was ist daran nicht so einfach, die beste Schülerin der Klasse zu sein?

Es gibt viel Konkurrenzdruck unter uns in der Klasse. Von den Jungen wie von den Mädchen. Aber mehr noch von den Mädchen. Die Jungen meiden mich eher. Die wollen mit mir nicht in Konkurrenz gehen. Die ziehen andere Mädchen vor.

Was für Mädchen?

Ja, so, die eben in Fächern gut sind, die die Jungen nicht so mögen. Deutsch und Kunst und so. Der Junge ist dann eben ein ganz toller Typ in Mathe und seine Freundin ist nicht besser als er. Eher schlechter. Sie kann aber da gut sein, wo er keinen Bock drauf hat. Eben Kunst oder Sozialkunde.

Hast du einen Freund?

Nein, noch nicht.

Du möchtest noch keinen?

Ich möchte schon heiraten und auch Kinder haben. Aber ich möchte auch Ärztin sein. Chefärztin in einem Krankenhaus vielleicht. Das kann ich mir alles vornehmen und das möchte ich auch erreichen. Aber ich kann ja den zukünftigen Vater meiner Kinder nicht mit einplanen. Das weiß ich.

Warum nicht?

Ich weiß nicht, ob mein Mann das mitmacht. Ob er sich mit mir die Arbeit mit den Kindern teilt, meine ich.

Ob er damit einverstanden ist, dass

dein Beruf für dich auch zu deinem Leben gehört?

Ja. Ganz genau. Für mich eben auch. Genauso wie für ihn. Aber Kinder will ich auch auf jeden Fall haben. Kinder und meinen Beruf. Ehe wäre natürlich sehr schön. Ich möchte nicht auf etwas verzichten müssen. Männer verzichten ja auch nicht auf Kinder, nur weil sie ihren Beruf haben.

Wie willst du es machen?

Ich kann mich nur beeilen. Sehr guten Schulabschluss, Studium, schnell Karriere machen, eine Position bekommen, die mir sicher bleibt. Dann mit 30 Jahren Kinder, zwei Kinder schnell hintereinander. Und dann mit 35, 36 weiter Karriere.

Glaubst du, das schaffst du?

Ich muss es schaffen.

Warum?

Ich möchte nicht nur Hausfrau und Mutter sein. Okay, es gibt bestimmt Frauen, die das gerne machen. Ich möchte aber auch nicht nur die tolle Karrierefrau sein und keine Familie haben. Ich mag Kinder. Ich kann mir gar nicht vorstellen, keine Kinder haben zu wollen.

Du bist ja selbst fast noch ein Kind.

Naja. Ich bin jetzt 17 geworden. Obwohl. Irgendwie stimmt es auch. Ich mag diese Karrierefrauen nicht so gern, die keine Kinder haben wollen.

Gibt es Vorbilder für dich?

Für das, was ich vorhabe? Eigentlich nicht. Nein. Die Feministinnen nicht. Die sind ja eben gegen die Ehe, glaube ich. Aber ich bin nicht gegen die Ehe. Ich fürchte eben nur, dass eine Fulltime-Krankenhaus-Chefärztin mit zwei Kindern nicht geheiratet wird. Und Männer, Väter, die für ihre Kinder zu Hause bleiben und dadurch ihre Frau im Beruf unterstützen, solche Männer kenne ich nicht. Da gibt es auch keine Vorbilder. Bei mir im Gymnasium sind die Jungen alle Machos. Das wollen die auch sein. Und viele Mädchen finden das gut. Besser als so langweilige Softies.

Du willst alles?

Wie?

Erfolg im Beruf, zwei wunderbare Kinder und einen richtigen Mann.

Ja. Stimmt genau. Und jetzt sagen Sie mir bitte nicht, dass das nicht geht!

Mit Angela sprach Viola Roggenkamp
DIE ZEIT

Wortschatz

8   Suchen Sie die entsprechenden Substantive und schreiben Sie sie auf:

gleichberechtigt sein   _____

abhängig sein (von + D)   _____

unterdrücken (+ A)   _____

sich selbst verwirklichen   _____

doppelt belastet sein (durch + A)   e Doppelbelastung, -en

überfordert sein (durch + A)   _____

nicht gleich behandelt werden (von + D) e Ungleichbehandlung, -en

diskriminiert werden (durch + A/von + D) _____

                                         _____

9 a) Ordnen Sie die Substantive, die Sie in Übung 8 gefunden haben,
den hier genannten Kategorien zu.

b) Überlegen Sie gemeinsam, was man für die Erhaltung der positiven
und zur Behebung der negativen Zustände unternehmen könnte.
Tragen Sie einige Vorschläge, die Ihnen besonders gut gefallen, die
Sie für realisierbar halten, die besonders phantasievoll sind usw.,
in die entsprechende Rubrik ein.

Positiver Zustand Was man dafür tun könnte:	Negativer Zustand Was man dagegen tun könnte:

10 **Wörtern auf der Spur**

Gehen Sie folgenden Begriffen auf die Spur. Diskutieren Sie vorab, ob und
welche Hilfsmittel Sie benötigen, um den Inhalt dieser Begriffe zu erklären. Schreiben Sie eine ausführliche Erklärung (einschließlich eines
Beispiels).

e Emanzipation
e Frauenbewegung, -en
r Feminismus
r/e Alleinerziehende, -n
e Nur Hausfrau, -en
e Rabenmutter, ⸚
e Ein-Kind-Familie, -n
e Koedukation
r Macho, -s

Redemittel

11 Die folgenden Redemittel lassen sich verwenden, wenn man eine – mündliche oder schriftliche – Stellungnahme abgibt. Stellung nehmen heißt:
zu einem Problem (oder zu einem ganzen Problemkomplex) die eigene
Auffassung darlegen. Die aufgeführten Redemittel sind nur Beispiele; viele
andere Formulierungen sind möglich.

ein Thema einleiten
Das Thema meiner Stellungnahme ist …
Mit dem Problem der … sollte man sich ernsthaft beschäftigen, weil …
Vor einiger Zeit hat die Diskussion um … begonnen.
… hat es schon immer / noch nie gegeben. Daher …

Argumente anführen

Die folgenden Argumente sprechen für (gegen) diese Meinung.
Man kann einige wichtige Argumente dafür (dagegen) anführen.
Dafür (Dagegen) gibt es viele Argumente.
Zunächst muss man feststellen, dass …
Außerdem …
Dazu kommt noch, dass …
Ein weiteres Argument ist, dass …
Man darf auch nicht vergessen, dass …
Man muss auch berücksichtigen, dass …

eine Schlussbemerkung machen

Zusammenfassend könnte man sagen, dass …
Aus all dem kann man den Schluss / die Schlussfolgerung ziehen, dass …
Abschließend möchte ich festhalten, dass …
Es bleibt die Frage offen: …?

Schreiben

12   Die (Frauen-)Quote

Unter der Frauenquote versteht man den Anteil von Frauen in beruflichen Positionen der Wirtschaft, Politik und Verwaltung. Wenn beispielsweise 60 % der Bevölkerung Frauen sind, in bestimmten Berufen jedoch nur 20 oder 30 % Frauen arbeiten, so widerspricht dies der Gleichberechtigung – sagen die Befürworter einer Frauenquote. Sie fordern, dass insbesondere bei beruflichen Schlüsselpositionen so lange nur Frauen neu eingestellt werden, bis ihre Quote so hoch ist wie der Frauenanteil der Gesellschaft insgesamt. Erst dann, heißt es, sei die völlige Gleichberechtigung von Mann und Frau erreicht.

Planen

In der Diskussion um die Frauenquote, die vor einigen Jahren begonnen hat, werden u.a. folgende Argumente angeführt:

– Die Frauenquote führt zur Diskriminierung der Männer.
– Die Gleichberechtigung darf nicht nur auf dem Papier stehen.
– Frauen sind physisch gar nicht in der Lage, in bestimmten Berufen (z.B. mit schwerer körperlicher Arbeit) tätig zu sein.
– Ein Kind braucht die Mutter besonders in den ersten Lebensjahren;
– Wenn die Frauenquote nicht durch ein Gesetz eingeführt wird, ändert sich überhaupt nichts.
– Für viele Angehörige der älteren Generation ist es ungewohnt, eine Frau in einem „Männerberuf" zu akzeptieren usw.

a) Ordnen Sie diese Argumente (oder sind es nur Scheinargumente?) nach Pro und Contra Frauenquote.
b) Prüfen Sie, ob Sie sich diesen Argumenten anschließen möchten.
c) Überlegen Sie sich weitere Argumente für oder gegen eine Frauenquote.

Die Skizze zeigt drei Möglichkeiten, wie Sie Ihren Text strukturieren können.

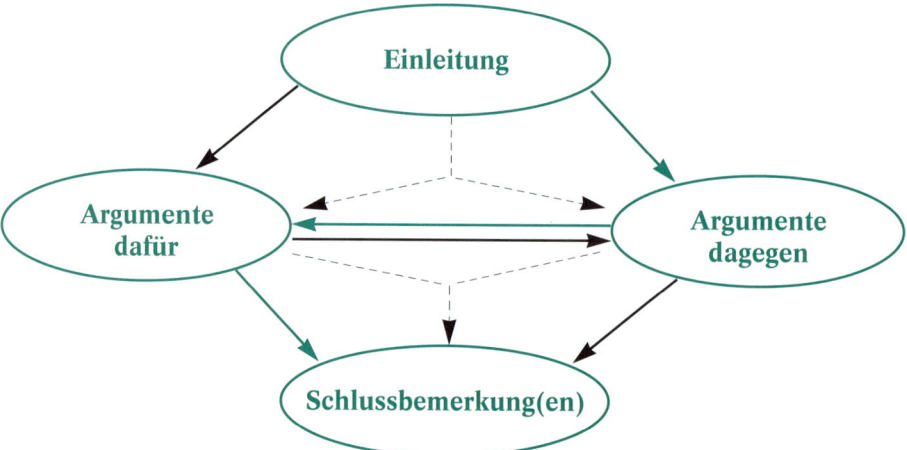

Formulieren
Stellen Sie gemeinsam Formulierungen zusammen, die Sie für Ihre Stellungnahme gebrauchen können. Erproben Sie beim Schreiben auch die Redemittel aus Übung 11.

Überarbeiten
Schreiben Sie einen Entwurf für Ihre Stellungnahme (ca. 250 Wörter). Besprechen Sie diesen Entwurf mit einem Lernpartner; lassen Sie sich gelungene Passagen zeigen ebenso wie Textstellen, die überarbeitet werden sollten. Fertigen Sie dann einen endgültigen Text an.

Leseverstehen

13 Klären Sie in Ihrer Lerngruppe folgende Begriffe:

e Teilzeitarbeit

e Ganztagsbeschäftigung

Rollenvorstellungen

r Rollentausch

egalitäre Vorstellungen (Egalität = Gleichheit)

r Widerstand, ̈e

14 In dem Text *Wenn die Männer zu Hause bleiben* werden folgende Themen behandelt. Konkretisieren Sie diese Themen vor dem Lesen des Textes, d.h., besprechen Sie zunächst, welche Informationen / Fragen / Probleme der Text – bei jedem der Themen – wahrscheinlich behandeln wird. Diese Vorüberlegungen, das Abrufen Ihres Wissens, erleichtert Ihnen im Folgenden das Verstehen des Textes.

– Schwierigkeiten beim Rollentausch
– Veränderungen im Rollenverständnis
– Wie sie leben, was ihre Beweggründe sind
– Nur wenige Männer tauschen die Rolle
– Widerstände am Arbeitsplatz

15 Kursorisches Lesen

Ordnen Sie beim ersten Lesen des Textes diese Überschriften einem der Textabschnitte A–E zu:

1. Schwierigkeiten beim Rollentausch | A | B | C | D | E |

2. Veränderungen im Rollenverständnis | A | B | C | D | E |

3. Wie sie leben, was ihre Beweggründe sind | A | B | C | D | E |

4. Nur wenige Männer tauschen die Rolle | A | B | C | D | E |

5. Widerstände am Arbeitsplatz | A | B | C | D | E |

16 Ergänzen Sie die Textkarte auf Seite 89 mit Informationen aus dem Zeitungsartikel.

17 Schreiben Sie eine Zusammenfassung des Textes auf der Basis Ihrer Textkarte.

Wenn die Männer zu Hause bleiben

**Nur eine Minderheit wagt den Rollentausch
Eine Studie über Teilzeitarbeit**

A   Der Mann arbeitet und schafft das Geld heran, während die Frau Haushalt und Kinder versorgt – diese Arbeitsteilung, ein Fundament der Industriegesellschaft, wird langsam brüchig. Vor allem jüngere Frauen stellen diese stillschweigende, seit dem 19. Jahrhundert geltende Vereinbarung in Frage. Sie sind nicht mehr bereit, dass der Konflikt zwischen Familie und Beruf allein auf ihrem Rücken ausgetragen wird – und zwingen so auch die Männer über ihre Rolle als alleinige

Ernährer und Vollzeitarbeiter nachzudenken. Eine Studie von Sozialwissenschaftlern der Freien Universität Berlin (…) hat jetzt die Motive und Erfahrungen von ungefähr 500 Männern untersucht, die freiwillig ihre Arbeitszeit teilweise oder ganz reduzierten (…).

B   „Unter jüngeren Männern breiten sich, wenn auch zögernd, egalitäre Rollenvorstellungen aus", schreiben (die Autoren). Dennoch ist es immer noch nur eine Minderheit von zehn Prozent der erwerbstätigen Männer, die sich ausdrücklich zu dem Wunsch bekennen Teilzeit arbeiten zu wollen. Um die Realisierung dieses Wunsches haben sich indes noch weniger bemüht. Selbst bei großzügiger Schätzung dürfte es nach Meinung der Sozialforscher in der (alten) Bundesrepublik kaum mehr als 100 000 Männer geben, die freiwillig Teilzeit arbeiten oder gar sogenannte „Hausmänner" sind.

C   Das typische „Exemplar" dieser „Zeitgeistpioniere" arbeitet im Bereich der privaten oder öffentlichen Dienstleistungen und hat einen relativ hohen Bildungsstand. Er ist Mitte 30 und lebt mit einer (…) Frau zusammen, die mit einem gleichwertigen oder höheren Qualifikationsniveau über ein gutes und sicheres Einkommen verfügt. Als Motive für ihren teilweisen oder völligen Ausstieg aus dem Berufsleben geben die befragten Männer am häufigsten an, sich aktiv an der Betreuung und Erziehung der Kinder beteiligen oder ihrer Partnerin die Berufstätigkeit ermöglichen zu wollen. Als weiterer Beweggrund wird der Wunsch nach größerer persönlicher Entfaltung genannt; Beruf oder Arbeit sollen das Leben nicht dominieren.

D   (…) Die Autoren schreiben: „Verschiedene Anzeichen deuten darauf hin, dass die Hausmann-Rolle schwieriger ist und nicht so gut funktioniert wie die Teilzeitarrangements". Ihrem Rollentausch wird mit Skepsis und Ablehnung begegnet; der Beruf und der Umgang mit Kollegen werden vermisst; der neue Hausarbeits-Alltag füllt sie nicht aus und gibt ihnen nicht genug Bestätigung: Sie erfahren die Misere von Millionen von Hausfrauen am eigenen Leib. Nur jeder vierte „Hausmann" hält dieses Dasein deshalb für eine längerfristige Perspektive. „Das Ideal der Paare stellt (beiderseitige) Teilzeitarbeit als günstigere, auf Dauer Stabilität versprechende Variante dar", stellen die Sozialforscher fest.

E   Diesem Ideal stehen im Arbeitsalltag jedoch noch massive Widerstände entgegen. (…) 40 Prozent der schließlich erfolgreichen Männer mussten vor ihrer Arbeitszeit-Reduzierung „ernsthafte Barrieren" überwinden, in drei Viertel aller Fälle mauerten die Geschäftsleitungen, sehr häufig aber auch die direkten Vorgesetzten. Oft müssen die Männer auch hinnehmen, dass sie interessante Arbeitsaufgaben verlieren und ihre Karriere stecken bleibt.

pop.

Frankfurter Allgemeine Zeitung

Textkarte

Veränderung im Rollenverständnis

Frauen: *Männer:*

_____   _____

_____   _____

_____   _____

_____   _____

Studie

Ziele der Studie:

_____

_____

_____

Ergebnisse der Studie:

Wie viele Männer die Rolle tauschen: _____

_____

Wie sie leben: _____

_____

Ihre Beweggründe: _____

a) _____

b) _____

c) _____

Ihre Schwierigkeiten: \-\-\-\-\-\-▶ das Ideal:

_____   _____

_____   _____

_____   _____

Widerstände:

_____

_____   _____

_____

18 Wörter aus dem Text

a. den Haushalt	1. arbeiten
b. einen Konflikt	2. reduzieren
c. einen Wunsch	3. versorgen
d. Teilzeit	4. austragen
e. über ein gutes Einkommen	5. überwinden
f. sich an der Erziehung	6. vermissen
g. den Umgang mit Kollegen	7. stecken
h. Barrieren	8. verfügen
i. eine Karriere bleibt	9. jdn. beteiligen
k. ganztags	10. realisieren
l. die Arbeitszeit	

Diskussion

19 a) Welche der folgenden Verhaltensweisen bei Gesprächen halten Sie
    für typisch weiblich / männlich?

1.	den Gesprächspartner unterbrechen	W	M
2.	öfter *super* oder Ähnliches sagen	W	M
3.	das Gesagte ignorieren	W	M
4.	unterschiedlich intonieren	W	M
5.	oft *Sie/du* bzw. *wir* sagen	W	M
6.	das Gesagte in Frage stellen	W	M
7.	Fragen stellen	W	M
8.	Behauptungen aufstellen	W	M
9.	öfter *mhm* sagen	W	M
10.	sich auf wissenschaftliche Ergebnisse berufen	W	M
11.	den Gesprächspartner nicht ernst nehmen	W	M
12.	unzusammenhängend argumentieren	W	M
13.	von einem Thema zum anderen springen	W	M
14.	niemals seine Gefühle zeigen	W	M
15.	auf Allgemeingültigkeit beharren	W	M

b) Tauschen Sie Ihre Ergebnisse aus, nehmen Sie dabei Beispiele zur
    Hilfe und überlegen Sie, welche Gründe es für Ihre Einschätzungen
    geben könnte.

c) Schlagen Sie im Lösungsteil nach, welche Verhaltensweisen auf
    Grund von Studien als typisch weiblich / männlich gelten, und notie-
    ren Sie dies in zwei Spalten. Formulieren Sie zwei Empfehlungs-
    pakete: „Was Frauen / Männer als Gesprächsregeln beachten sollten".

20 Wie müsste nach Ihrer Meinung die korrekte Anrede in einem Brief
an Ihre Mitarbeiter lauten, wenn Sie Frauen und Männer gleichermaßen
anreden möchten? (Vergleichen Sie anschließend mit dem Lösungsschlüssel.)

Nehmen wir an: Sie müssten die folgenden Wörter jeweils in einem
Rundbrief, einer schriftlichen Mitteilung oder einem anderen Text in
der Pluralform verwenden. Was für eine Pluralform würden Sie wählen?
Versuchen Sie, innerhalb Ihrer Lerngruppe einen Konsens in dieser
Frage herbeizuführen.

Benutzer – ____   Lehrer – ____   Bewerber – ____
Interessent – ____   Kursteilnehmer – ____   Berufsanfänger – ____
Abonnent – ____   Schüler – ____   Mitbewohner – ____
Student – ____   Stipendiat – ____

Redemittel

21 Anteile

Betrachten Sie die beiden Schaubilder genau. Schreiben
Sie die fünf für Sie interessantesten Ergebnisse auf. Verwenden
Sie dabei folgende Redemittel:

Die Teilzeit-Jobs
In … **beträgt der Anteil der** Teilzeitbeschäftigten **nur / immer-
hin / sogar** … Prozent.
Das ist **weitaus mehr / weniger als** in …
Der Anteil der Teilzeit-Jobs ist in … **mit … Prozent wesentlich
höher / niedriger als** in …

Wer macht den Haushalt?
Das … / Die … wird / werden **zu … Prozent** von der Frau /
vom **Mann / von beiden erledigt / übernommen.**

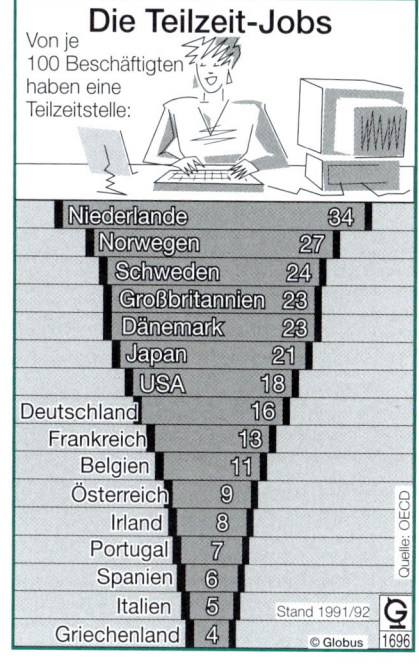

Die Teilzeit-Jobs

Von je 100 Beschäftigten haben eine Teilzeitstelle:

Niederlande	34
Norwegen	27
Schweden	24
Großbritannien	23
Dänemark	23
Japan	21
USA	18
Deutschland	16
Frankreich	13
Belgien	11
Österreich	9
Irland	8
Portugal	7
Spanien	6
Italien	5
Griechenland	4

Quelle: OECD
Stand 1991/92
© Globus 1696

Wer macht den Haushalt?
Aufgabenverteilung im Haushalt in %

	FRAU	beide	MANN
Putzen	81 %	18 %	1 %
Kochen	79	19	2
Schulkontakte	64	33	3
Einkaufen	63	32	5
Kinderbetreuung	61	37	2
Verwandte pflegen	60	37	3
Behördengänge	37	41	22
Haushaltskasse	32	59	9
Renovierung	16	43	41
Reparaturen	11	23	66

Quelle: DJI
© Globus 8675

Das Jahrhundert der Umwelt

Wortschatz

1 Ein Umwelt-ABC

Die Liste der Umweltprobleme, denen sich die Menschheit heute gegenübersieht, ist lang. Gehen Sie die folgende Liste durch.

a) Welche Probleme kennen Sie aus eigener Erfahrung?
b) Welche schätzen Sie als besonders wichtig ein?
c) Mit welchen Themen müsste diese Liste aus Ihrer Sicht ergänzt werden?

	Ursache	Wirkung		Ursache	Wirkung
Artensterben, Artenschwund, Artenverlust	☐	☐	Ozonloch	☐	☐
			Ölpest	☐	☐
Altlasten	☐	☐	Pflanzenschutzmittel (Pestizide)	☐	☐
Bevölkerungsexplosion	☐	☐	Quecksilber (in Batterien)	☐	☐
Bodenverseuchung	☐	☐	Radioaktivität	☐	☐
Bodenerosion	☐	☐	Regenwald	☐	☐
Chemieunfälle	☐	☐	Rinderhaltung	☐	☐
CO_2	☐	☐	Schadstoffbelastung	☐	☐
Dioxin	☐	☐	Smog	☐	☐
Emissionen	☐	☐	Treibhauseffekt	☐	☐
FCKW	☐	☐	Tankerkatastrophen	☐	☐
Gewässerbelastung	☐	☐	Umwelt	☐	☐
Hausmüll	☐	☐	Uran	☐	☐
Insektizide	☐	☐	Verkehrsinfarkt	☐	☐
J...	☐	☐	Verpackungsmüll	☐	☐
Klimakollaps	☐	☐	Waldsterben	☐	☐
Landschaftszersiedlung	☐	☐	X...	☐	☐
Lärm	☐	☐	Y...	☐	☐
Massentourismus	☐	☐	Zeitungspapier	☐	☐
Naturzerstörung	☐	☐	Zellstofffabriken	☐	☐

Redemittel

2 Ursachen und Wirkungen

Gehen Sie noch einmal das Umwelt-ABC durch. Was sind Ursachen, was sind Folgen (wovon)? Verwenden Sie folgende Redemittel:

… ist / sind eine Ursache für …
… verursacht, dass …
… verursacht + A
… wird verursacht durch …
… hat zur Folge, dass …
… hat + A zur Folge.
… bewirkt, dass …
… hat positive / negative Auswirkungen auf + A
… lässt sich auf + A zurückführen
… bringt es mit sich, dass …

3 Ergänzen Sie die folgenden Sätze und Halbsätze mit Redemitteln (aus Übung 2) und Ihren eigenen Ideen zum Thema:

a) Die zunehmende Zahl von Plastikverpackungen …
b) Recycling …
c) Wenn mehr Menschen nicht nur vom Umweltschutz sprechen, sondern auch etwas für die Umwelt tun, …
d) Die Probleme mit dem Klima …
e) Wenn man seinen Hausmüll getrennt nach Papier, Plastik-, Metall- und Bioabfall entsorgen muss, dann …
f) Viele Tiere finden kaum noch genug freie Natur als Lebensraum vor, …
g) Viele Menschen kaufen nur noch Öko-Lebensmittel und biologisch abbaubare Materialien, …

4 Zwei Karikaturen: Sie machen auf Zusammenhänge aufmerksam. Erläutern Sie, auf welche Umweltprobleme die beiden Zeichnungen hinweisen. Beschreiben Sie das dargestellte Verhältnis von Ursache und Wirkung und wie sich die Menschen dieser Problematik gegenüber verhalten.

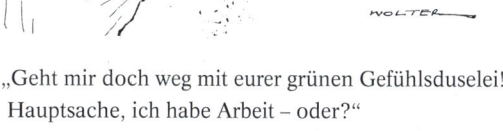

„Geht mir doch weg mit eurer grünen Gefühlsduselei! Hauptsache, ich habe Arbeit – oder?"

„So leben wir, so leben wir, so leben wir alle Tage …"

Leseverstehen

5 Die sieben ökologischen Gefahren für die Menschheit

Der folgende Text ist einem Materialienbuch für den Schulunterricht entnommen. Lesen Sie den Text aufmerksam durch. Beachten Sie dabei, welche Sätze zusammengehören, also thematisch eine Einheit bilden. Unterteilen Sie den Text durch kräftige Markierungen in Abschnitte. Tragen Sie anschließend bitte die sieben Gefahren, denen die Menschheit nach Aussage des Textes ausgesetzt ist, auf Seite 95 oben ein.

Die sieben ökologischen Gefahren für die Menschheit

Die globalen Folgen ökologischer Zerstörungen sind offensichtlich: Da ist zunächst die Erwärmung der Erde, der sogenannte Treibhauseffekt, der als die vielleicht größte globale Gefahr das Klima weltweit verändern wird, mit noch unabsehbaren Folgen für die Vegetation und Landwirtschaft, für Klimabildung und Meeresspiegel. Auch die Zerstörung der Regenwälder gehört zu den vieldiskutierten globalen ökologischen Veränderungen, die das weltweite Klima, aber auch den Artenreichtum und die Genreserven der Erde nachhaltig beeinflusst. Ebenso ist heute die wachsende Ausdünnung und Zerstörung der Ozonschicht Gegenstand weltweiter Erörterungen; das zu erwartende Übermaß schädlicher UV-Strahlung trifft heute schon Menschen südlicher Länder (Australien, Neuseeland, Chile) und wird immer weitere Kreise ziehen. Die Menschheit als Ganzes ist auch betroffen von der Verschmutzung der Meere. Diesem „gemeinsamen Erbe der Menschheit" droht stellenweise durch industrielle und giftige Schadstoffe bereits der biologische Tod. Die Überfischung durch moderne Fangflotten zerstört außerdem die Regenerationsfähigkeit der Meere und ihrer Lebewesen, eine schwere Hypothek für künftige Generationen. Durch die Erosion des Bodens gehen der Land-wirtschaft jedes Jahr Millionen von Hektar fruchtbaren Landes verloren. Unangepasste Bewirtschaftung oder Abholzung führen zu Versteppung, Versalzung und Verwüstung (Desertifikation); schon 11 % der Landoberfläche der Erde sind von einer derartigen Degradierung[1] des Bodens betroffen. Die Vergiftung der Luft durch Schadstoffe aller Art ist längst nicht mehr nur ein Problem in den industriellen Ballungszentren des Nordens. In vielen Teilen der Welt leiden Menschen unter der Schadstoffbelastung industrieller Produktionen; rund 2/3 der Stadtbevölkerung weltweit lebt unter Luftbedingungen, welche die Weltgesundheitsorganisation als inakzeptabel einstuft. Der Verlust der Arten ist schließlich eine wenig beachtete, dennoch gravierende Gefahr für die Zukunft der Menschheit. Täglich werden 50 bis 100 Pflanzen- und Tierarten ausgerottet, überwiegend durch die Zerstörung der Regenwälder. Viele dieser Arten sind der Wissenschaft nicht einmal bekannt. Mit den Arten verschwinde ein immenses Genreservoir, von dessen Bedeutung niemand etwas ahnt. Die Menschheit ähnelt, so Hoimar von Ditfurth, einem Passagier, der während eines Fluges alle Instrumente aus dem Cockpit reißt, deren Funktion er nicht erkennen kann.

---

1) Degradierung: Veränderung eines guten Bodens zu einem schlechten.

---

1. _____

2. _____

3. _____

4. _____

5. _____

6. _____

7. _____

6 Der Text, den Sie eben gelesen haben, verwendet bestimmte sprachliche Mittel, um das Verhältnis von Ursache und Wirkung zu beschreiben. Ergänzen Sie die folgenden Sätze sinngemäß mit Informationen aus dem Text.

a) _____ wird _____ verändern.

b) _____ hat noch unabsehbare Folgen für _____.

c) _____ beeinflusst _____.

d) _____ wird immer weitere Kreise ziehen.

e) _____ ist betroffen von _____.

f) _____ führen zu _____.

g) _____ leiden unter _____.

h) _____ ist eine Gefahr für _____.

Wortschatz

7 Wörtern auf der Spur

Im „Wörterwald" zum Thema *Umwelt* kommen viele Komposita vor. Die Regeln, wie die Komposita gebildet werden und welche Artikel die zusammengesetzten Wörter mit sich führen, kennen Sie ja schon aus Lektion 1.

	beauftragter	initiative	schwein
	bedingungen	institut	sünder
	belastung	katastrophen	thema
	beratung	kriminalität	verband
Umwelt-	bewusstsein	minister	verhalten
	einfluss	politik	verträglichkeit
	erziehung	problem	verschmutzung
	forschung	schaden	zerstörung
	gift	schutz	u.a.m.

_____

Auch der Begriff *Öko* muss für viele sinnvolle und weniger sinnvolle Wortverbindungen herhalten.

	bauer
	bewegung
	freak
Öko-	haus
	laden
	produkt
	system usw.

Recherchieren Sie bei einigen dieser Wörter, was unter einem Begriff genau zu verstehen ist. Beispiel „Umweltkriminalität": Welche Fälle hat es da in letzter Zeit gegeben? Wie wird was bestraft? Oder was ist ein „Umweltschwein" und was ein „Ökoschwein"? Welche Bedeutung von *Schwein* kommt da zum Tragen? Und was könnte ein „Umweltbus" sein?

8 Das ökologische Gleichgewicht

In Diskussionen über die Gefährdung des ökologischen Gleichgewichts und ihre Ursachen werden immer wieder folgende Verben verwendet: belasten – beeinflussen – beeinträchtigen – schaden – wiederherstellen – zerstören.

Welches dieser Verben passt zu welcher Kategorie?

a) neutrale Wirkung (weder positiv noch negativ): _____

b) leicht negative Wirkung: _____

c) stärkere negative Wirkung: _____

d) sehr starke negative Wirkung: _____

e) irreversibles Geschehen: _____

Setzen Sie die folgenden Äußerungen mit einem der obigen Verben fort.

f) Wer eine Getränkedose wegwirft, _____.

g) Gift im Grundwasser _____.

h) Reisende, die auf Kurzstrecken das Flugzeug benutzen, _____.

i) Bei vielen Substanzen ist noch nicht bekannt, ob sie _____.

j) Es müsste viel öfter etwas geschehen, um _____.

k) Nicht alle Faktoren, die das Klima _____,

sind bisher bekannt.

l) Es gibt Gebiete auf der Erde, wo kein Leben mehr gedeiht, weil …

m) Ob wir dieses oder das kommende als „Jahrhundert der Umwelt"

bezeichnen, hängt davon ab, _____

Leseverstehen

9 Zahlen können für das Verstehen eines Textes entscheidend sein. Ein
Beispiel dafür ist der nachfolgende Zeitungsartikel. Unterstreichen
Sie beim ersten Lesen die hier angegebenen Zahlen im Text. Beim zweiten Lesen können Sie notieren, worauf sich die Zahlen jeweils beziehen,
z. B. drei Viertel aller Deutschen sind für Fortschritt.

drei Viertel: _____

77: _____

jeder Zehnte: _____

6000: _____

14: _____

1990: _____

1991: _____

29: _____

76: _____

64: _____

82: _____

71: _____

70er: _____

80er: _____

1989: _____

Bonn (dpa) – Drei Viertel aller Deutschen in Ost und West setzen nach einer Emnid-Umfrage im Auftrag des Forschungsministeriums auf den technisch-wissenschaftlichen Fortschritt. Mit 77 Prozent liegen dabei die Ostdeutschen sogar um einen Prozentpunkt vor den Westdeutschen. Nur jeder Zehnte sei skeptisch und meine, dass sich der technische Wandel eher zum Nachteil auswirken könne, erläuterte Forschungsminister Heinz Riesenhuber (CDU) am Freitag vor der Presse die Ergebnisse einer ersten umfassenden Repräsentativ-Befragung von knapp 6 000 Bürgern in West- und Ostdeutschland zu dieser Thematik.

Während der Vorrang der Gesundheits-, Umwelt-, Energie- und Klimaforschung kaum überraschte, landeten die Biowissenschaften und die Weltraumforschung auf den hinteren Plätzen von insgesamt 14 Forschungsbereichen. Riesenhuber räumte eine „tendenzielle Skepsis gegenüber allem ein, was groß ist". Zur vergleichsweise geringeren Bewertung der insbesondere auch für die Pharmaentwicklung wichtigen Biowissenschaf-

ten meinte er, dieser Begriff werde vielfach mit der „negativ besetzten" Gentechnik gleichgesetzt. (…)

Die Emnid-Ergebnisse, die in drei Befragungen zwischen November 1990 und Januar 1991 ermittelt wurden, zeigen nach seinen Angaben, dass die meisten jüngeren Leute bis 29 Jahre (76 Prozent) dem technisch-wissenschaftlichen Wandel positiver gegenüberstehen als die ältere Generation (64 Prozent). Auch ist der Glaube an den technischen Fortschritt bei den Männern (82 Prozent) größer als bei den Frauen (71 Prozent). Das im Vergleich zu den 70ern und zum Anfang der 80er Jahre positivere Meinungsbild zur Technik, das erstmals bei einer Umfrage des Forschungsministeriums 1989 registriert wurde, ist laut Riesenhuber auch auf die von Bundesregierung und Bundestag inzwischen erfolgreich betriebenen Maßnahmen zur Bewertung von Chancen und Risiken zurückzuführen. (…)

Oldenburgische Volkszeitung

10 Die Originalüberschrift dieses Presseberichts besteht aus nur vier Wörtern; sie kann im Lösungsteil dieses Buches nachgelesen werden. Überlegen und besprechen Sie zuvor gemeinsam, worin Sie die wesentliche Aussage dieses Textes sehen, und formulieren Sie einen entsprechenden Titel.

11   Totales Lesen

Überprüfen Sie folgende Aussagen. Steht das im Text oder nicht?

Nein   ?   Ja

a)   Mehr Ost- als Westdeutsche stehen dem tech-
     nischen Fortschritt positiv gegenüber.
b)   Viele Leute halten Umweltforschung für wichtig.
c)   Die Weltraumforschung wird so gering bewertet wie
     die Biowissenschaften.
d)   Die Biowissenschaften sind vor allem für die
     Entwicklung pharmazeutischer Produkte wichtig.
e)   Gentechnik ist für viele Bürger etwas Negatives.
f)   Jüngere Menschen und Männer befürworten den
     technischen Fortschritt mehr als ältere Menschen
     und Frauen.

12   (Nicht) technikgläubig

Die Strukturen finden Sie im obigen Text. Den inhaltlichen Zusammenhang müssen Sie selbst erstellen. Ergänzen Sie:

a)   An die Technik glauben heißt z.B.

     – auf _____ wissenschaftlich-technischen Fortschritt _____

     – glauben, dass sich der technische Wandel zum _____ _____

     – dem Fortschritt _____ gegenüberstehen

     – in _____ Fortschritt vertrauen

     – die _____ Seiten des technischen Fortschritts sehen

b)   Nicht (immer) an die Technik glauben, heißt demgegenüber z.B.

     – auf Kritik _____

     – glauben, dass sich _____ zum _____ auswirkt

     – _____ Fortschritt kritisch _____

     – nicht bedingungslos in die Technik _____

     – die _____ Seiten der Technik sehen

Schreiben

13 *Planen*

Ein Roboter mit einem Menschen an der Hand unterwegs zum Rand des Abgrunds – werden sie hinunterstürzen?
Bereiten Sie eine schriftliche Stellungnahme zu der Problematik vor, die in diesem Bild angesprochen wird. Diskutieren Sie in Ihrer Lerngruppe über das Bild und strukturieren Sie anschließend Ihre Gedanken und Ideen. Beginnen Sie in Ihrer schriftlichen Stellungnahme aber auf jeden Fall mit einer Beschreibung der dargestellten Situation.

Formulieren

Tragen Sie möglichst gemeinsam Formulierungen zusammen, die Sie in Ihrer Stellungnahme benötigen könnten. Den geeigneten Wortschatz finden Sie u.a. in dem obigen Zeitungsartikel sowie in den Übungen zu den Redemitteln.

Überarbeiten

Schreiben Sie eine Stellungnahme zu der Problematik, die in diesem Bild angesprochen wird (ca. 250 Wörter). Schreiben Sie einen Entwurf und besprechen Sie ihn mit einem Lernpartner. Erstellen Sie dann eine endgültige Fassung.

Leseverstehen

14 Worum geht es bei der folgenden (einem Flugblatt entnommenen) Story? Die Umweltschutzorganisation Greenpeace begann 1993 eine groß angelegte Kampagne für kleinere Autos, d.h. für Autos mit deutlich geringerem Benzinverbrauch, die das Klima weniger beeinträchtigen als bisherige Automodelle. An die Adresse der Automobilindustrie wurde der Vorwurf erhoben, dass man zwar kleinere Autos entwickelt habe, sie jedoch nicht verkaufe. Beispiel: Das Modell „Vesta" von Renault. Vor diesem Hintergrund haben sich die Ereignisse abgespielt.

Schreiben Sie Stichwörter in die einzelnen Rubriken und rekonstruieren Sie die Story.

Wer?	Wann?	Was?	Warum?

Wie Greenpeace zu einem Auto kam, das es eigentlich gar nicht gibt

Anfang 1993: Greenpeace beginnt mit der Suche nach dem Vesta und bekommt von Renault die ernüchternde Auskunft: Das Weltrekordfahrzeug von 1987 (1,94 l/100 km) gäbe es in kompletter Form nicht mehr.

Juni 1993: Ein Rechercheur beginnt mit Nachforschungen vor Ort. Der erste Erfolg: Gut informierte Kontaktpersonen bestätigen, es gäbe noch mindestens einen fahrbereiten Vesta. Er soll im Forschungszentrum Vernon versteckt sein. Fehlanzeige.

Ein erneuter Tip: Der Vesta steht im Pariser Renault-Museum. Der Rechercheur umgeht die Pressestelle und nimmt mit den Vesta-Ingenieuren Kontakt auf. Treffer: An ihrem Stolz gepackt präsentieren sie einen fahrbereiten Prototypen.

August 1993: Greenpeace mietet als „Deutsche Umweltstiftung" in Köln ein Büro. Die Tarnung ist perfekt. Für die von der falschen Stiftung geplante Ausstellung „10 Jahre Energiediskussion – eine Bilanz" leiht Renault den Vesta aus.

2. September, 10.15 Uhr: Der Transporter aus Paris bringt den Vesta zum vermeintlichen Ausstellungsort im SAS-Hotel Köln. Die Gäste sind beeindruckt. Zeit für den letzten Teil des Coups: Die „Journalisten" wollen noch Außenaufnahmen. Doch draußen wartet ein Transporter – und der Vesta verschwindet in einer Garage irgendwo in der Bundesrepublik.

17. September: Der Vesta kommt nicht mehr zurück ins Museum. Greenpeace will ihn möglichst vielen Menschen zeigen. Als Beweis, dass Autos mit geringerem Benzinverbrauch schon längst gebaut werden können.

15   Redemittel

Legal – illegal

Das ist rechtmäßig / legal / nicht verboten.

Das ist nicht rechtmäßig / strafbar / illegal / kriminell / gegen das Gesetz / außerhalb der Legalität.

Das verstößt (nicht) gegen Gesetze.

Man muss die Gesetze einhalten, sonst …

Man gerät mit dem Gesetz in Konflikt, wenn man …

Man begeht eine Straftat, wenn …

Das ist am Rande der Legalität.

So etwas kann man (nicht) rechtfertigen.

So etwas kann man nur dann (nicht) rechtfertigen, wenn … (Verb).

Das lässt sich (nicht) rechtfertigen.

Dafür gibt es keine Rechtfertigung.

Das ist (un)gerechtfertigt.

Diskussion

16 Bereiten Sie eine Diskussion über den „Autodiebstahl" vor, indem Sie zunächst Ihre persönliche Meinung artikulieren; ergänzen Sie dazu die folgenden Äußerungen und verwenden Sie dabei die obigen Redemittel.

a) Die Auskunft, die Renault Anfang 1987 gab, ...
b) Was der „Greenpeace-Rechercheur" im Juni 1993 tat, ...
c) ..., Greenpeace einen Tip mit dem Pariser Museum zu geben.
d) Die Ingenieure ...
e) Greenpeace hat unter falschem Namen ein Büro angemietet. Das ...
f) Wer als angeblicher „Journalist" bei der Aktion mitgespielt hat, ...
g) Das Auto ist in irgendeiner Garage verschwunden. Mein Kommentar dazu ist: ...

17 Protestaktionen

Nicht nur in Umweltfragen kommt es zu Diskussionen darüber, ob bestimmte Aktionen – meistens Protestaktionen – legal bzw. illegal oder (nicht) zu rechtfertigen sind.
Beurteilen Sie folgende frei erfundene Beispiele und sprechen Sie in Ihrer Lerngruppe darüber. Entwickeln Sie dann gemeinsam oder jeder für sich Kompromissvorschläge, mit denen der jeweilige Konflikt dauerhaft beendet werden könnte.

A Aus dem Forschungszentrum einer Universität werden eines Nachts ein halbes Dutzend Affen gestohlen und verschwinden spurlos. Ein anonymes Flugblatt taucht auf, in dem sich Tierschützer zu der Aktion bekennen. Sie protestieren mit ihrer Aktion gegen Tierversuche an Primaten, die zur Entwicklung neuer Kosmetikprodukte gemacht werden.

B Seit langem haben Umweltschützer den Verdacht, dass eine Chemiefirma giftige Abwässer in den Fluss leitet. Man bittet auf dem Gelände Messungen vornehmen zu dürfen; die Geschäftsführung lehnt das ab, weil die Umweltschützer angeblich schon einmal eine Fehlinformation verbreitet haben. Daraufhin klettert eine Gruppe von Umweltschützern über den Zaun und beginnt ein Loch in ein Rohr zu bohren. Die Gruppe wird entdeckt, die Geschäftsführung alarmiert die Polizei.

C Zehn Minuten nach der großen Pause wird der Direktor eines Gymnasiums von einem erregten Lehrer aufgesucht: Eltern haben seine Klasse, in der eben der Deutschunterricht beginnen sollte, „besetzt". Sie protestieren gegen den Unterricht dieses Lehrers, in dem ihre Kinder – so meinen sie – „nichts lernen". Etwa zwanzig Eltern sind erschienen und weigern sich, den Raum wieder zu verlassen. Sie fordern die Ablösung des Lehrers.

D   Stadtratssitzung: Auf der Tagesordnung steht die Diskussion über den Haushalt des kommenden Jahres. Plötzlich öffnet sich die Tür und eine Gruppe von Müttern und Kindern kommt mit Transparenten herein: „Wir fordern für jedes Kind einen Platz im Kindergarten." Diese Forderung ist nicht neu. Jeder in der Stadt weiß, dass es viel zu wenig Kindergartenplätze gibt. Der Stadtrat jedoch hat kein Geld. Die Mütter indes haben keine Geduld mehr.

E   Mittwoch früh, kurz vor sieben an einem Autobahnkreuz. Der Verkehr staut sich heute wie nie zuvor schon auf dem Zubringer. Der Grund: Protestierende Bauern haben die Fahrbahn mit Tomaten blockiert, um auf die sinkenden Einkommen in der Landwirtschaft aufmerksam zu machen. Angeblich sind daran die vielen aus den Nachbarländern importierten Lebensmittel, z.B. eben Tomaten, schuld. Die Bauern fühlen sich von den Politikern und den Medien nicht ernst genommen und haben sich ganz bewusst zu dieser spektakulären Aktion entschlossen.

Bildbeschreibung

18   a) Geben Sie dem Bild einen Titel.
    b) Was für eine Situation ist dargestellt?
    c) Überlegen Sie sich ein Thema, auf das dieses Bild aufmerksam machen könnte, und sprechen Sie darüber. Oder erzählen Sie etwas über Ihre persönlichen Erfahrungen, die in diesen Zusammenhang gehören. Es kann sich dabei auch um eine lustige Begebenheit handeln.

Zusammen leben

Wortschatz

1 „Menschen leben und arbeiten als … zusammen." Viele der Begriffe, die Sie hier einsetzen können, finden Sie in der nebenstehenden Spalte. Aber auch in den vorangegangenen Kapiteln ging es immer wieder auch um das Zusammensein von Menschen. Erinnern Sie sich? Zur Erinnerung nur einige Stichwörter: Ehepaar, Freunde, Dorf, Umweltschutzorganisation und viele mehr. Andere haben Sie schon in vorangegangenen Kapiteln kennen gelernt, als es um Familie, Dorf, Umwelt, Schreibübungen u.a. ging. Ergänzen Sie also, wo es Ihnen sinnvoll scheint.

Stellen Sie die Wörter zu Wortfeldern zusammen.

e Gruppe, -n
r Freundeskreis, -e
e Arbeitsgemein-
  schaft, -en
r Ausschuss, ⁀sse
s Team, -s
s Kollektiv, -e
s Orchester, -
e Band, -s
r Club, -s
r Verein, -e
e Gesellschaft, -en
e Clique, -n
e Mannschaft, -en
e Besatzung, -en
e Crew, -s
e Wohngemeinschaft, -en
  (e WG, -s)
e Vereinigung, -en
e Organisation, -en
s Kollegium, -en
e Mitarbeiterschaft, -en
e Belegschaft, -en
e Verwandtschaft, -en
r Kollegenkreis

■ Freizeit

■ Arbeitsplatz

■ Sport

■ Flugzeug, Schiff, Raumschiff

■ Familie

Bildbeschreibung

2 a) Geben Sie dem Bild einen Titel.

b) Überlegen Sie sich einige W-Fragen (Wer …?, Wo …? W…? …?).
Die Beantwortung der Fragen bildet das Gerüst einer Beschreibung
des Bildes.

c) Sprechen Sie über ein Thema, auf das dieses Bild aufmerksam
machen könnte, über persönliche Erfahrungen, die in diesen
Zusammenhang gehören, oder vergleichen Sie das Bild mit Situationen, die Sie kennen.

Leseverstehen

3 Fragebogen

Machen Sie sich bitte ein paar kurze Notizen zu den folgenden Fragen.

1. Bei welcher Form des Zusammenlebens (vgl. Aufgabe 1) gibt es nach Ihrer Auffassung die meisten Konflikte?
2. Bei welcher kommt es am wenigsten zu Konflikten?
3. Wenn Sie sich freiwillig einem Verein, einem Club oder irgendeiner anderen Gruppe anschließen wollten – worauf würden Sie vorher besonders achten?
4. Wenn Sie zurückdenken: Was war Ihr negativstes Erlebnis mit einer Gruppe?
5. Das positivste Gruppenerlebnis in Ihrem bisherigen Leben?

4 In dem folgenden Text geht es um ein „Internat".

a) Unter einem „Internat" versteht man eine Schule, in der die Schüler auch wohnen. Und zwar ohne ihre Eltern. Ein Internat ist aber kein Heim für Waisenkinder.
Haben Sie persönlich Erfahrungen mit Internaten gemacht? Welche? Falls nicht: Wenn Sie Kinder haben oder hätten, würden Sie diese in ein Internat schicken? Welche Bedingungen müsste so ein Internat erfüllen?

b) Werfen Sie einen kurzen Blick auf den Text und versuchen Sie, die Textsorte zu benennen: Handelt es sich um einen Bericht, einen Essay, eine Nachricht oder eher eine Reportage?

5 Lesen Sie den Text zunächst kursorisch, d.h. veschaffen Sie sich einen Überblick über die Hauptinformationen bzw. Teilthemen des Textes. Ordnen Sie die folgenden Überschriften – falls sie passen – einem der Textabschnitte A–G zu.

1 Die Idee zur Schulgründung	A B C D E F G	kein Abschnitt
2 Grundprinzipien der Schule	A B C D E F G	kein Abschnitt
3 Wie ein Schülerleben hier beginnt	A B C D E F G	kein Abschnitt
4 Herkunft und Auswahl der Schüler	A B C D E F G	kein Abschnitt
5 Vergleich mit der deutschen Schulwirklichkeit	A B C D E F G	kein Abschnitt
6 Schülerleben außerhalb des Unterrichts	A B C D E F G	kein Abschnitt
7 Andere kennen lernen	A B C D E F G	kein Abschnitt
8 Unterricht als Gespräch	A B C D E F G	kein Abschnitt

6 Wenn Sie den Titel des folgenden Textes lesen, werden Sie bemerken, dass es keinen Untertitel gibt, der das Thema genauer beschreibt. Welcher der vorgeschlagenen Untertitel scheint Ihnen geeignet, und warum?

Deutsche Schüler in einem englischen Internat ☐
Ein anstrengendes Jahr im Atlantic College ☐
Schule für das Leben ☐
Unterricht ist nicht alles ☐
(Sie haben einen besseren Vorschlag:) … ☐

Atlantic College
„Kommen, geben und etwas mitnehmen"

Von Christine Brinck

A … Atlantic College ist eine Schule in Südwales – eine Schule in England, aber keine englische Schule. Ihr Vater ist der deutsche Reformpädagoge Kurt Hahn, der 1920 auch Salem gegründet hat. Seine Devise war die „charakterbildende Erlebnispädagogik". Die Beschränkung der staatlichen Schule auf die reine Wissensvermittlung war ihm ein Greuel. Ihm ging es um die Bildung nicht nur des Geistes, sondern auch des Charakters und des Körpers. Das alte Gebot der kalten Dusche am frühen Morgen ist längst abgeschafft; nach wie vor aber gilt die Forderung nach moralischer Erziehung, tätigem Bürgersinn, Selbstbeherrschung und einem Sensorium für Kunst und Literatur.

Ein zweites Grundprinzip ist Toleranz und Weltoffenheit; Lehrer und Schüler stammen aus aller Herren Länder. Und rund um die Welt gibt es nach dem Beispiel des 1962 gegründeten Atlantic College ein ganzes Netz ähnlicher Schulen, zusammengefasst unter dem Namen United World Colleges. Ob in Italien, Swasiland, Kanada, Venezuela, Singapur oder in den USA, alle United World Colleges (UWC) schließen mit dem International Baccalaureate (I.B.) ab, das in sechzig Ländern als Hochschulreife anerkannt wird.

Ein drittes Prinzip: Die Schule soll für jedermann zugänglich sein; sie kostet den Schüler, ist er einmal angenommen, keinen Pfennig. Jeder ist Stipendiat.

„Du treibst viel Sport, du bist im Sozialdienst, du setzt dich dauernd mit anderen auseinander, du bist nie allein. Du willst viel lesen und Musik machen, da musst du sehr diszipliniert sein", erzählt Sven, 17, der aus Schweden kommt. Sven und seine Mitschüler sind nächtens nicht in der Disco zu finden, sondern vielleicht in den Ställen der Farm, wo sie die Geburt der Lämmer überwachen, oder im Seenotrettungsboot unterwegs. (…)

B Es war Kurt Hahns Traum, Wege der Aussöhnung zwischen den Feinden von gestern zu finden. Er selbst war als Jude aus Deutschland vertrieben worden und glaubte, dass nur die gemeinsame Erziehung Menschen verschiedener Völker zusammenführen könnte. Sein Konzept wurde von den meisten Schulpolitikern für unrealistisch gehalten. Halbwüchsige aus vielen Ländern zwei Jahre lang zusammensperren, auf einen hochqualifizierten Abschluss trimmen, sie Toleranz und Gemeinsinn lehren und gleichzeitig ihre musischen, technischen und sportlichen Fähigkeiten fördern – wie sollte das gehen? Doch Hahn fand einen idealen ersten Schulleiter, und heute hat die Schule 350 Schüler, zu gleichen Anteilen Jungen und Mädchen.

C Wer will in ein solches Internat – womöglich Tausende von Kilometern von zu Hause entfernt? Und wer wird genommen, wer wählt aus? Das College ist keine Oberschule, sondern eine Art Oberstufenkolleg. Deshalb müssen Bewerber aus (…) Deutschland, zum Beispiel, mindestens das zehnte Schuljahr abgeschlossen haben. Englisch ist Unterrichtssprache, deren Beherrschung ein Vorteil, aber nicht Vorbedingung. Die deutschen Schüler behaupten, dass Englisch kein Problem sei, „das hat man in drei Monaten drauf".
Die Auswahl der Bewerber liegt bei den nationalen Komitees. Jedes Jahr im Februar wählt in Deutschland ein Gremium von zehn Leuten – allesamt Absolventen eines United World College – je dreizehn (deutsche) Jungen und Mädchen aus, von denen dann siebzehn ans Atlantic College gehen, neun an eines der anderen United World Colleges. Die Kriterien sind Begabung und Persönlichkeit. Gefragt sei nicht der Jetsetter, sagt Roger Fletcher, der Studienleiter, „wir versuchen, Schüler zu kriegen, die uns brauchen". Und: „Die Motiviertesten kommen aus ganz normalen Schulen". Der ideale Student soll sich für den Rest der Welt interessieren – und für seine Mitmenschen. „Es sollen junge Leute sein", sagt Fletcher, „who come, give and gain" – die kommen, geben und etwas mitnehmen.

D Spartanisch leben sie zu viert (aus vier verschiedenen Ländern) in einem eher kleinen Zimmer. Herausragender Teil ihres Schülerlebens sind die community services, der Dienst am Nächsten. Er ist aufgeteilt in Umweltschutz, Lebensrettung und Sozialarbeit. Stolz verweist das College darauf, dass der Seenotrettungsdienst in den ersten zwanzig Jahren 180 Menschen das Leben gerettet hat. (…) Im Umweltdienst arbeiten die Studenten entweder auf der College Farm oder sie studieren zum Beispiel die ökologische Belastung der Meere. (…) Eine Schlüsselrolle kommt der Arbeit mit sozial Schwachen und Behinderten zu. Die Studenten besuchen Alte und Kranke, helfen ihnen in Haus und Garten. Oder sie bringen jungen Behinderten Klettern, Kanufahren, Tennis, Schwimmen und Töpfern bei. (…) Neben dem anspruchsvollen akademischen Programm und den musischen und sportlichen Aktivitäten organisieren die Schüler jeden Sonntag „nationale Abende", an denen sie den jeweils anderen von ihrer Heimat erzählen. Die Freitage sind Referaten vorbehalten mit völlig offener Themenpalette – von Amnesty International bis Zambia. Bei dieser Programmfülle ist es kein Wunder, dass die Schüler das Gefühl beschleicht, „vier Jahre in zwei zu packen", gelegentlich auch die bange Vorstellung, so die siebzehnjährige Rita aus Uganda, dass „nach dieser intensiven Erfahrung der Rest meines Lebens eine Enttäuschung sein könnte." Auf manchen wirkt Atlantic College wie ein Kulturschock.

E   Jeweils im September kommen die Neulinge. Nach kurzer Einführung werden sie in die Wildnis gekarrt. In den Brecon Beacons, wo sonst Soldaten in Überlebenstraining gedrillt werden, sollen die Neuankömmlinge ein Drei-Tage-Camp überstehen. Die Studenten des zweiten Jahres, die „alten Hasen", zeigen den Jüngeren, wo es langgeht, nach dem Atlantic College-Prinzip, dass Schüler von Schülern lernen. Am Anfang steht die Seilschaftsübung: Zwei Reihen von Schülern versuchen, um die Wette eine Schnur durch ihre Kleidung zu fädeln, um so jeden mit jedem zu verbinden; dann rennen sie zusammen los. Das klingt nach albernen Spielen, doch so wird menschliche Nähe vermittelt, Verlässlichkeit, Zugehörigkeitsgefühl. Gemeinsam erwandern sie dann zwei Tage lang die Brecon Beacons.

F   Lester B. Pearson, der frühere kanadische Außenminister und Friedensnobelpreisträger (...), fragte einst: „Wie kann es Frieden geben, ohne dass die Menschen einander verstehen, und wie können sie sich verstehen?" Atlantic College und die Schwesterschulen wollen Verständnis durch Kennenlernen wecken. Jedes Gespräch, jede Unterrichtsstunde, jede Mahlzeit bietet die Chance, Vorurteile zu revidieren. Ein Araber und ein Israeli treffen hier anders aufeinander als in ihren Heimatländern; sie müssen sich der Begegnung stellen. Ein Mädchen aus Nigeria und ein Mädchen aus Bayern leben zwei Jahre Bett an Bett und müssen schon der Selbsterhaltung wegen versuchen, einander zu verstehen. „Ich wollte das Mädchen kennen lernen und das hieß: Arbeit reinstecken", erinnert sich Marion an die Mühen der ersten Zeit. „Auf dem Zimmer haben wir uns eine Zeit lang jeden Abend Märchen erzählt, deutsche, irische, polnische, nigerianische Märchen. Da gab es viele Ähnlichkeiten. Das brachte uns näher." Doch für Marion ist das Wichtigste, nicht nur den Fremden, sondern auch sich selbst kennen zu lernen: „Was ist an mir deutsch, allgemein menschlich und was Marion?"

Das ist im Sinne der Erfinder. Die Jugendlichen aus aller Welt sollen in diesen intensiven zwei Jahren nicht ihre Eigenheiten aufgeben, sondern den anderen achten lernen. Sie sollen sich auch ihrer nationalen Eigenarten (der guten wie der schlechten) bewusst werden. „Ein internationalistischer, konturenloser Typ ist nicht das Ziel unserer Pädagogik", sagt Schulleiter Andrew Stuart.

G   „Die deutschen Schüler", sagt Jürgen Mucke, ein Lehrer aus Deutschland, „müssen hier weit mehr leisten als in der reformierten Oberstufe zu Hause", sie seien „überdurchschnittlich intelligent" und „deutlich besser in ihren Fertigkeiten und Fähigkeiten" als der Durchschnitt in Deutschland. Und Marion findet: „Die Schüler hier haben mehr drauf und die Lehrer sind hochmotiviert; der Unterricht ist intensiv und Labern gilt nicht".

DIE ZEIT

7   Textkarte

Sie haben nun die gesamte Reportage unterteilt. Legen Sie vor
dem zweiten Lesen eine „Textkarte" an, in die Sie Einzelheiten eintragen.
Zum Beispiel so:

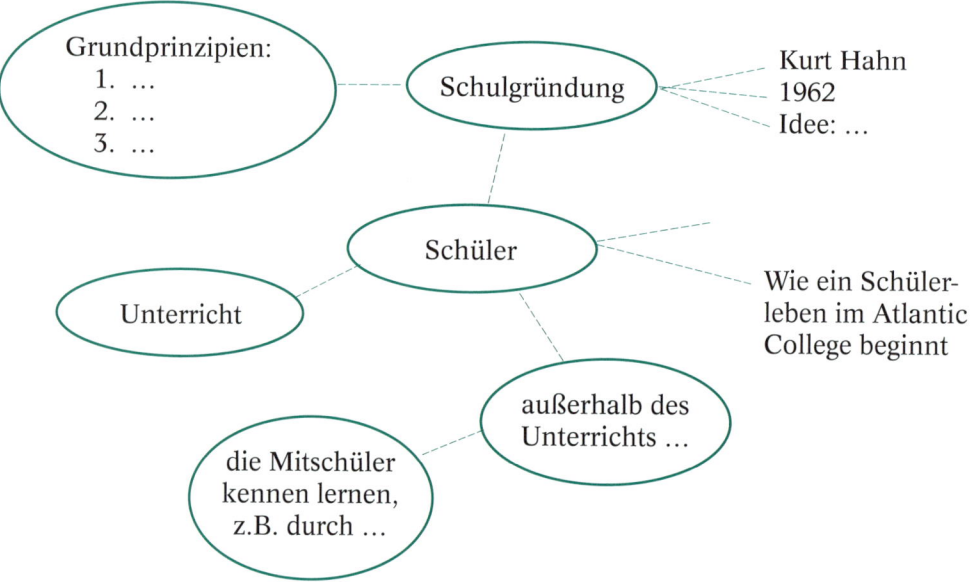

8   Legen Sie eine Tabelle an mit den Spalten „Atlantic College" / „Meine
Schule". Versuchen Sie, sich an Ihre Schulzeit zu erinnern. Welche Gemeinsamkeiten bzw. Unterschiede können Sie nennen?

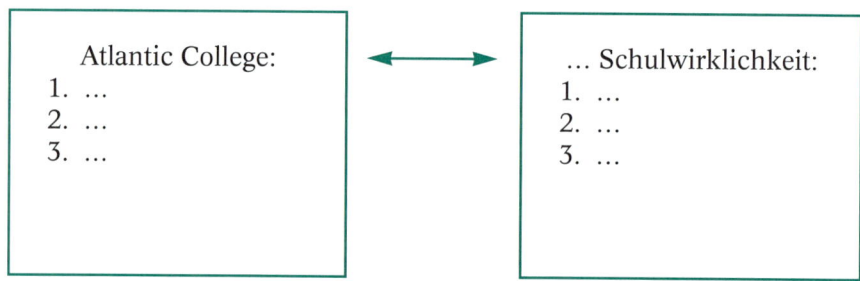

Wortschatz

9   Kombinieren Sie Adjektive (aus dem Text) mit Substantiven. Erklären Sie dann, was Sie unter einem (einer) … verstehen.

unrealistischen	(e) Mitarbeiterin
qualifizierten	(s) Fernsehprogramm
motivierten	(r) Wein
herausragenden	(e) pädagogische Idee
anspruchsvollen	(s) Buch
intensiven	(s) Fußballspiel
durchschnittlichen	(r) Film
	(s) Forschungsergebnis

10   Kontexte für Wörter

Wenn Sie die folgenden Sätze ergänzen, müssen Sie sich an einige wichtige Wörter und Strukturen erinnern.
Zum Lösen der Aufgabe können Sie sowohl im Text nachlesen und den Textinhalt in kurzen Sätzen nochmals wiedergeben oder die Sätze frei zu sinnvollen Aussagen ergänzen, die zum Thema dieser Lektion passen. Schreiben Sie Ihre Lösungen auf ein separates Blatt oder in Ihr Heft.

a) Die Beschränkung auf reine Wissensvermittlung …
b) Sich mit anderen auseinanderzusetzen bedeutet, …
c) Ein pädagogisches Konzept sollte …
d) Die Beherrschung einer Fremdsprache …
e) Es ist von Vorteil, wenn man …
f) Man kann Vorurteile revidieren, indem man …
g) Durch … lassen sich die Fähigkeiten von Lernenden fördern.
h) Ein Kriterium für die Auswahl von Schülern ist …
i) Begabung …

11   Umgangssprache

Suchen Sie die folgenden Wörter im Text. Sehen Sie sich den Kontext an. Er kann Ihnen helfen, diese Wörter zu verstehen und sie ins Hochdeutsche zu übersetzen.

a) „drauf haben"

_____

b) „Arbeit reinstecken"

_____

c) „wo es langgeht"

_____

d) „Labern gilt nicht"

_____

Redemittel

12 Beispiele

ein Beispiel geben / anführen für etwas
beispielsweise / z.B. / zum Beispiel
Das ist ein Beispiel für / dafür, dass …
Dieses Beispiel zeigt / kann zeigen / ist vielleicht typisch dafür, dass …
ein Beispiel herausgreifen und etwas näher erläutern
ein (nicht) repräsentatives Beispiel für etwas

an einem Beispiel etwas erläutern
anhand eines Beispiels etwas erläutern
etwas erklären / verdeutlichen / klarmachen / veranschaulichen / anschaulich(er) machen / belegen / illustrieren (durch ein Beispiel) / konkretisieren (durch ein Beispiel)
Können Sie Ihre These / Gegenthese durch ein Beispiel belegen?

13 Bei manchen Wörtern fehlt die zweite Hälfte. Ergänzen Sie:

In Diskussionen und Auseinandersetzungen – besonders wenn es um die Klär____ unterschiedlicher Begr____ und / oder Vorstel____ geht – ist derjenige gut beraten, der überzeugende Beispiele heraus____ und anh___ dieser Beispiele seine Thesen erläu____. Ein gut plazi____ Beispiel kann in einer Debatte viele Zuhörer auf die Seite des Sprechers bringen. Beispiele können erkl____, verdeut____, etwas lebendiger machen. Beispiele sind immer konk___. Wer viele Beispiele anfü___, läuft nicht so schnell Gefah, zu abst____ zu reden und damit seine Zuhörer zu ermüden. In Diskussionen wird oft die meiste Zeit nicht über das Allgemeine gesprochen, sondern über herausge____ Beispiele, mit denen irgendetwas klarge____, bel____ oder einfach nur veransch____ werden soll. Da verliert man sich aber auch schnell in unwichtigen Einzel____. Allzu viele Beispiele können also auch kontraproduktiv sein, oder?

Wortschatz

14 Wertewandel

Unter Werten versteht man jene Begriffe, mit denen in einer Gesellschaft bestimmte Lebensinhalte, Normen, Überzeugungen, Vorstellungen und Leitbilder zusammengefasst werden, die das Handeln bestimmen (sollten).

Substantiv	*Adjektiv*
Rücksicht	rücksichtsvoll
Fleiß	_____
Nächstenliebe	_____
Toleranz	_____
Solidarität	_____
Zurückhaltung	_____
Hilfsbereitschaft	_____
Opferbereitschaft	_____
Leistungsbereit-schaft	_____
Tapferkeit	_____
Tüchtigkeit	_____
Gerechtigkeit	_____
Ehrlichkeit	_____
Konfliktfähigkeit	_____
Höflichkeit	_____
Sparsamkeit	_____
Sauberkeit	_____
Bescheidenheit	_____
Offenheit	_____
Gewaltfreiheit	_____
Freiheit	_____
…	_____

Solche Werte gelten jedoch nicht für jede Gesellschaft und auch nicht zu jeder Zeit: Werte (bzw. Wertorientierungen oder das Wertsystem) ändern sich, sie sind einem Wertewandel unterworfen.
Gehen Sie einigen dieser Wörter auf die Spur und besprechen Sie, was man z.B. unter
– Fleiß,
– Offenheit,
– Konfliktfähigkeit,
– Höflichkeit
verstehen könnte. Greifen Sie dabei auf die Redemittel „Beispiele" (Übung 12) und auf Ihre eigene Lebenserfahrung zurück.

15   Im Jahre 1993 wurde in Deutschland eine Umfrage publiziert, in der gefragt wurde, „was man Kindern bei der Erziehung mit auf den Weg geben sollte". Die 21 häufigsten Antworten sind im Folgenden aufgelistet – allerdings in geänderter Reihenfolge! Lesen Sie die Antworten. Klären Sie gemeinsam jene Angaben, die Sie nicht verstehen oder über die Sie sich nicht ganz im Klaren sind. (Quelle und Umfrageergebnis s. Lösungsschlüssel)

1. gesunde Lebensweise □
2. ehrlich sein □
3. Verantwortungsgefühl, für andere da sein □
4. sparsam mit Geld umgehen □
5. sich in eine Ordnung einfügen, sich anpassen □
6. Interesse für Politik, Verständnis für politische Zusammenhänge □
7. fester Glaube, feste religiöse Bindung □
8. an Kunst Gefallen finden □
9. sich für den Frieden einsetzen □
10. Liebe zur Natur □
11. sich umweltbewusst verhalten □
12. ihre Arbeit ordentlich und gewissenhaft tun □

13. sich durchsetzen, sich nicht so leicht unterkriegen lassen □
14. Höflichkeit und gutes Benehmen □
15. Sauberkeit □
16. Andersdenkende achten, tolerant sein □
17. Menschenkenntnis, sich die richtigen Freunde und Freundinnen aussuchen □
18. Wissensdurst, den Wunsch, seinen Horizont ständig zu erweitern □
19. Leistungsbereitschaft, Ehrgeiz □
20. technisches Verständnis, mit der modernen Technik umgehen können □
21. bescheiden und zurückhaltend sein □

16 Ermitteln Sie in Ihrer Lerngruppe, welches Ergebnis bei Ihnen herausgekommen wäre. Gehen Sie nach dem „Schneeballprinzip" vor:

a) Einzelarbeit: Kreuzen Sie zunächst die drei Werte an, die Sie persönlich am wichtigsten finden. Erinnern Sie sich: Es geht darum, was „man Kindern bei der Erziehung mit auf den Weg geben sollte".

b) Partner/in: Einigen Sie sich mit einem Partner auf drei Werte und überlegen Sie sich jeweils Begründungen.

c) Wiederholen Sie diesen Schritt in einer Sechser-Gruppe.

d) Gesamtgruppe: Versuchen Sie, sich auf die drei wichtigsten Erziehungsziele zu einigen. Greifen Sie dabei auf die Redemittel „Begründen" (Übung 17) zurück.

Redemittel

17   Begründen

…, weil / da …
Wegen / Auf Grund (+ Genitiv) …
… Aus diesem Grund / Deswegen / Daher …
… aus einem einfachen Grund, weil man nämlich …
Aus dem Grund, weil …
Welche Gründe dafür kann man finden / lassen sich nennen?
Dafür kann man folgenden Grund anführen / nennen: …
Dafür kann man folgende Begründung anführen / geben: …
Das ist (k)ein starker / überzeugender Grund.
Das ist (k)eine gute / überzeugende Begründung.
(…)

18 Lassen Sie sich etwas einfallen. Begründen Sie, warum …

a) … „Ihre" Fußballmannschaft am letzten Wochenende haushoch verloren hat.

b) … Sie gestern zwei Stunden zu spät zur Arbeit gekommen sind.

c) … Ihre Kollegin heute so gute Laune hat.

d) … die Mode vom vergangenen Jahr dieses Jahr schon wieder out ist.

e) … Sommertage länger sind als Wintertage.

f) … man selbst auf Fotos immer so furchtbar aussieht.

g) … viele Menschen in der Tageszeitung nur den Fortsetzungsroman lesen.

Schreiben

19   Wertewandel

Planen

Machen Sie sich zuerst Notizen zum Thema „Wertewandel". Beginnen Sie mit den drei Werten, die Sie in der obigen Aufgabe angekreuzt haben. Überlegen Sie sich, was Sie darunter konkret verstehen, anhand welcher Beispiele man sie veranschaulichen könnte, warum sie Ihrer Meinung nach wichtig sind. Fallen Ihnen noch andere Aspekte oder Fragestellungen ein?

Überlegen Sie dann, welche Werte man vor 10, 20 oder 50 Jahren – in der Generation Ihrer Eltern oder Großeltern – wichtig fand. Sie können aber auch darauf eingehen, was Sie unter „altmodischen" Wertvorstellungen verstehen.

Stellen Sie eine Prognose an, welche Wertvorstellungen kommenden Generationen wichtig sein werden.

(Einigen Sie sich auf eine Wortzahl, z.B. 250 Wörter.)

Formulieren

Erproben Sie die Redemittel „Beispiele" und „Begründen" beim Ausformulieren Ihrer Gedanken.

Überarbeiten

Schreiben Sie einen Entwurf. Legen Sie ihn einem Lernpartner vor. Besprechen Sie gemeinsam, was an Ihrem Entwurf gelungen und was noch verbesserungswürdig ist. Schreiben Sie dann einen endgültigen Text.

Mein Tag

Wortschatz

1 a) Die meisten von uns verbringen ihren Tag am Arbeitsplatz. Versuchen Sie, den Begriff „Arbeitsplatz" mit allem, was dazu gehört, als ein Diagramm aufzuzeichnen, indem Sie die nebenstehenden Wörter in das Wortfeld einfügen. Welchem Bereich des Arbeitslebens können die einzelnen Begriffe zugeordnet werden? Markieren Sie die Begriffe, deren Zuordnung nicht eindeutig ist, und überlegen Sie sich auch, warum. Besprechen Sie Ihre Problemfälle in der Lerngruppe.

Chef(s)
Gehalt
Urlaub
Teamarbeit
Teilzeitarbeit
Stress
Sachzwänge
Selbständigkeit
Kompetenzen haben
Arbeitsvertrag
flexible Arbeitszeiten
Grünpflanzen
moderne Arbeitsmittel
KollegInnen
Arbeitsplatzzufriedenheit
MitarbeiterInnen
Kreativität
Sicherheit
Rückzugsmöglichkeiten
Ideen durchsetzen können
mit Menschen zu tun haben
Aufstiegschancen
(…)

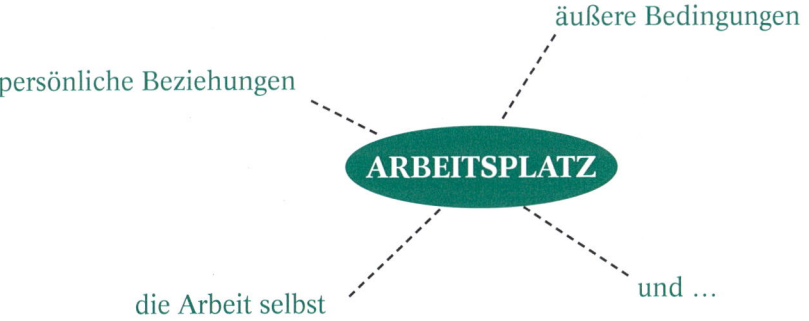

b) Kennen Sie weitere Begriffe? Was kann Ihnen helfen weitere Begriffe zu finden? In einem Lernwörterbuch sind die Wörter mit oder ohne Übersetzung in Wortfeldern und Sinnzusammenhängen aufgelistet. In solchen Wörterbüchern müssen Sie die Begriffe, die für Ihren speziellen Zusammenhang in Frage kommen, heraussuchen und zum Beispiel wie in Übung 1a) graphisch darstellen. Beachten Sie dabei unbedingt Querverweise, zum Beispiel unter *116 Arbeitgeber, Arbeitnehmer* den Hinweis auf *80 Büro* und *121 Produktion*. Es ist möglich, dass Sie dort jene Begriffe finden, die Sie suchen.

Beruf

115   **Beruf**

der Beruf, -e	einen - erlernen / einen - ausüben / „Was ist sie von -?"
berufstätig	- sein / meine Mutter ist -
werden	Arzt - / Beamter - / Soldat -
der Lehrling, -e	den - ausbilden
der / die Auszubildende, -n	der - besucht die Berufsschule
ausbilden	einen Lehrling - / sich - lassen
die Lehre, -n	die dreijährige - / in der - sein
die Ausbildung, -en	die Berufs- / eine gute - bekommen
das Praktikum, Praktika	ein - machen / einen -splatz bekommen
der Praktikant / die Praktikantin	als - arbeiten
können	Auto fahren - / schwimmen -
der Handwerker, -	einen - kommen lassen

116   **Arbeitgeber, Arbeitnehmer**   (> 80 Büro   > 121 Produktion)

der Arbeitgeber, -	- sein / einen - haben
der Chef, -s / die Chefin	den - fragen / die Anweisungen des -s / der -arzt
der Direktor, -oren / die Direktorin	der - des Betriebs / der General-
übernehmen	die Leitung - / die Verantwortung -
vertreten	für kurze Zeit den Kollegen -
die Verantwortung	die - tragen / das -sgefühl / die Mit-
verantwortlich	- sein für etw. / sich - fühlen
leiten	den Betrieb - / die -den Angestellten
führen	den Vorsitz - / einen Betrieb -

In einem normalen Wörterbuch finden Sie nur Wortfamilien, so zum Beispiel *Arbeit, die, -en, (...), Arbeitsablauf, Arbeitseifer, Arbeitsleistung, Arbeitsmaterial, Arbeitspensum, Arbeitsplan, Arbeitstechnik, Arbeitstempo* usw.

2   Angenommen, Sie suchen einen (neuen) Arbeitsplatz. Diskutieren Sie mit Ihrem Nachbarn die drei wichtigsten Bedingungen, die an einem (neuen) Arbeitsplatz erfüllt sein müssten:

1. _____

2. _____

3. _____

Tauschen Sie Ihre Ergebnisse in der Lerngruppe aus und begründen Sie Ihre Forderungen.

3 Kreuzen Sie hier ein Thema an, das Sie interessiert. Bereiten Sie einen dreiminütigen freien Vortrag darüber vor.

Verhältnis zu Menschen, mit denen man beruflich zu tun hat ☐
Beruf und Freizeit ☐
Karriere ☐
Freiheit und Zwänge ☐
Entwicklung der Persönlichkeit durch den Beruf ☐
Arbeit als Lebensinhalt bzw. Arbeit als Job ☐
Stress und Ruhe ☐
Routine und Kreativität ☐

1–3	Wortschatz
4–6	Leseverstehen
7–8	Wortschatz
9	Schreiben
10–11	Leseverstehen
12–14	Wortschatz
15	Schreiben

Leseverstehen

4 Die folgenden drei Lesetexte erschienen in einer Zeitschriftenserie namens *Mein Tag*. In ihnen erfährt man etwas über den Alltag von drei sehr unterschiedlichen Menschen. Kursorisches Lesen: Wählen Sie einen dieser Artikel aus (Text 1, 2 oder 3) und schreiben Sie zunächst ein Mini-Porträt der folgenden Art:

	Text 1	Text 2	Text 3
Name			
Beruf			
ein paar Tätigkeiten, die zum Beruf gehören			
Alter			
Wohnort			
was mich / uns beim Lesen überrascht hat			

Suchen Sie sich zwei Lernpartner, die einen anderen Text bearbeitet haben. Tauschen Sie Ihre Ergebnisse aus, vervollständigen Sie Ihre Tabelle mit den neuen Informationen.

Mein Tag

Herr Horst

50 Jahre, geboren in Wien, Kellner im „Café Prückel", ebenda

Die Tageskartn, des ist des erste in der Früh. Um halber elfe setz ich mich in ein ruhiges Eck und schreib auf einen Zettel, was es zum Essen gibt – wann mi net aner aufhalt, so wie Sie jetzt. Jedesmal gleich: rechts oben des Datum, links das Mittagsmenü. Drunter noch so sechs, sieben Sachen. Wenn ich ausnahmsweis aan Preis net weiß, schau ich in dem Registerheftl da mit dem blauen Umschlag nach. Da stengans alle drinnen. Das is schon ganz zerfleddert, weils's scho so lang gibt. Die Preise schreibt die Chefin nua mitn Bleistift hin, damit mas wegradiern kann, für den Fall. Ich sag Ihnan – blind find ich a jede Stell. Is aa ka Wunder, seit anazwanzig Jahr bin ich jetzt da. Davor war ich fünfzehn Jahr im „Café Promenade", am Schwarzenbergplatz. Bis's zusperrt habn. Da is jetzt a Bank drin.

So, des wars. Jetzt is die Banklistn dran, mit die Wünsche fürs Wechselgeld. So zwischen fünf und fuffzehn Tausender lass ma si täglich wechseln. Des erledigt die Kollegin. Heut brauch ma zum Beispiel für 1250 Schilling Fünfer und für an Tausender Zehner. Da kumman jo Wahnsinnige und zahln den klaan Braunen zu 26 Schilling mit aan Tausender. Und gestern erst: Da war ana da, der hat ghabt a Tortn, an klan Schwoazzn und a Seidl – des macht 105 Schilling. Und dann zaht er aan Fünftausender ausse. Wann ichs hab, zuck ich net einmal mit der Wimper. Weil: Ich bin ein vom Gastgewerbe abgehärteter Mensch.

Jetzt wea ich noch Kleingeld tanken: Für jede Münzn hab ich eine eigene Taschn im Gilet und im Jackett. Ins Portmonná kommt bei mir nua des Papiergeld. Des Kaffeehaus ist in drei Rayons einteilt, für jeden Ober eins. Dazu gibts noch zwaa Zuträger, die dürfn oba net kassieren. Ich hab imma dieselbe Rayon: des Bridgezimmer, des Café bis zum „Sommer rechts" und noch des kleine Spielzimmer. Und ab siebane dann no des Japanzimmer dazua – „Sommer rechts", des is der Tisch rechts neben der großen Tür, durch die man im Sommer auf die Terrassen geht. Und Japanzimmer heißt es, weil da in die fuchzger Jahr einmal so a japanische Tapetn drinpickt is. Und im Bridgezimmer spielns Bridge – den ganzen Tag. Das sind meist Pensionisten. Die reden nur von die gestrigen Partien. Über sonst nix. Die wissen sicher net, wie unsa Bundespräsident heißt.

Früher war der Tagesablauf total berechenbar: Frühstück, Mittag und zwischen halb drei und halb vier war das Café wie ausgestorbn. Da habn S' die Uhr danach richten kennan. Aber heut? Ich fang zwar um halb zwölf damit an, die Stammtische zum Reservieren und fürs Mittagsessen zu decken. Aber sonst gehts den ganzen Tag ohne Übergang dahin. Gestern erst, da kommt der junge M. um eins – zum Frühstück. Zwei Eier im Glas. Es hat sich überhaupt viel gändert: Heute kommt ja viel mehr Jugend. Wir haben uns damals ins Kaffeehaus gar net reintraut, das war was für die Alten.

Des Wichtigste ist des Flair, des san die vielen Zeitungen, die Ruhe. Da kommt beispielsweis jeden Mittwochnachmittag ein Herr. Der bestellt sich einen großen Braunen und an Kuchen. Dann liest er drei Stunden lang a anziche Zeitung. Wo gibts denn das sonst? Schaun Se, ich bin jetzt fünfzig und hab imma no Spaß an mein Job: Ich interessier mich für die Leut. In so an Kaffeehaus siecht man, wie viel Ärsche es gibt auf der Welt und wie viel klasse Menschen.

Die richtige Anred? „Herr Horst" is schon in Ordnung. Letztes Mal war a Wahnsinniger da, der hat ma „Herr Kellner" nachgschrian – da hats ma glei alle Nackenhoa aufgstellt. Ein guter Ober bleibt trotz allem höflich. Der muss laut und deutlich grüßn, so wie die Gäst auch. Dann muss er Ruhe ausstrahlen, seriös sein – so wie der Herr Ernst, der früher einmal im „Prückel" war: Der ist 45 Jahr lang durch des Kaffeehaus marschiert – ich sag Ihnan: wie ein Gott! Und an Schmäh muss er aa haben. Beim Aussegeben, wenn der Gast Münzen und Geldscheine kriegt, sag ich gern: „Drei Eisen und zwa Papierln." Net bei an jedem, is eh kloar. Die Routine sagt ma, wann des geht.

Mei Dienst geht zwölf Stunden durch. A Pause gibts net. Höchstens ein kleines, kaltes Essen. Selbst wenn ich mich niedersetzn könnt – nachher wär ich müder als vorher.

Um zehne is Schluss. Dann muss ich von meine Einnahmen zahlen, was die Registrierkassa unter meiner Nummer ausweist. Der Rest ghört mir. Na sicher is des Trinkgeld des Wichtigste, da leb ich davon. Der Garantielohn is ja net so sonderlich hoch. Wia hoch, des sag i Ihnan jetzt oba net. De Flinserl, also die Zehnerln, na, die Zehngroschenstückln, die ma übrig bleiben, die komman in a Papiersackl in einer Lade – alle Vierteljahr trag ichs einmal auf die Bank, aufs Sparbuch. So dreihundert Schilling san des a jedes Mal. Dann räum ich noch die Aschenbecher zsammen und des dreckige Gschirr. Des geht in einer halben Stund, dann samma tiptop.

Jetzt geh ich no auf a gschwindes Seidl nach nebenan, ins „Espresso Milano". Und an mein freien Tag – amal dürfn S' raten, wohin i da geh. Schach spiel ich dort, oder Billard.

Mein Tag
Dagmar Szabados

ist Bürgermeisterin von Halle und Leiterin des Amtes für Umwelt- und Naturschutz. Die gelernte Diplomchemikerin ist 46 Jahre alt und Mutter zweier erwachsener Kinder

Wenn Leute über Politiker reden, dann glaub' ich immer noch nicht, dass ich damit gemeint bin. Hier bei uns im Osten ging der Übergang vom normalen Bürger zum Politiker ja von einem Tag auf den anderen. Gut, aber jetzt bin ich nun mal Politikerin. Da fängt mein Tag gegen sechs Uhr mit dem Wecker an. Das Aufstehen fällt mir sehr, sehr schwer, ich frag' mich immer, wer das erfunden hat.

Ich bin eher ein Nachtmensch, ich kann bis nachts um drei Uhr arbeiten. Wenn ich aufstehe, ist mein Mann schon weg, der muss sehen, dass er noch vor dem großen Stau nach Bitterfeld kommt. Wenn meine Tochter zu Hause ist, trinken wir vielleicht noch einen Kaffee auf die Schnelle.

So gegen halb acht schwing' ich mich in den Bus. Anfangs hab' ich mich mit dem Dienstwagen abholen lassen, aber das hab' ich ganz schnell abgestellt. Ich kann als Leiterin des Umweltamtes schließlich nicht Wasser predigen und Wein trinken. Im Bus ist kaum ein Morgen, an dem ich nicht angesprochen werde:

Da klemmt der Müllkübel, dort wurde eine wilde Deponie gesichtet. Diese Gespräche sind mir wichtig, dadurch guckt man mal aus dem Ratszimmer raus, trotzdem muss ich mich jedes Mal überwinden, denn eigentlich bin ich eben ein Morgenmuffel.

Im Büro lese ich erst einmal quer durch die Zeitungen. Und dann geht's Schlag auf Schlag bis in den späten

Abend. Da kann ich mir zehnmal vornehmen, ein bisschen Luft zwischen den Terminen zu lassen, es klappt nicht: Montag früh Dienstbesprechung, Dienstag früh Kollegium mit dem Oberbürgermeister und den Stadträten, da werden die Vorlagen vorbereitet für die Stadtverordnetenversammlung: Bebauungspläne, Kindergartenschließungen, Altenheimrenovierung – man muss sich ja mit allem befassen, denn irgendwann muss man die Hand heben und entscheiden. Ich entscheide gern, auch wenn ich damit anecke. Schließlich kann man nicht den Leuten nach dem Mund reden und nur noch Händchen halten, danach sind die Zeiten nicht.

Neben den festen Terminen gibt's die aktuellen Dinge: Irgendwo ist ein Fass ausgelaufen, da ist ein Fischsterben, da sind Bäume ohne Genehmigung gefällt worden. Das bringt jegliche Terminplanung durcheinander. Aber ich bin ja auch für die Bürger da. Wenn einer in meinem Zimmer steht, kann ich ihn schließlich nicht wegschicken.

Wirklich unangenehm sind Termine, die allzu bürokratisch sind, Haushaltsabstimmungen oder Verträge, wo über jedes Semikolon abgestimmt wird. Das ist nicht meine Welt. Und Reden schreiben, wo man zum fünften Mal erklären muss, dass derjenige, der da vorne steht, der allerbeste Mensch ist. Was ich gerne hab' sind Termine, wo es um Koordinierung geht, wo man Leute an einen Tisch bringt, die vorher nie voneinander gehört haben.

So gegen Mittag gehe ich in die Kantine, das ist dann meist meine erste Mahlzeit am Tag, meist auch die einzige regelmäßige. Ansonsten gibt es nur diese blöde Häppchenesserei auf den Sitzungen oder Repräsentationsterminen. Vor Weihnachten zum Beispiel, ständig war man eingeladen zu Stollen und Kaffee, da kann man dann auch nicht unhöflich sein und sagen: Mir ist jetzt aber mehr nach 'nem Fischbrötchen.

Gut die Hälfte des Tages verbringe ich draußen auf Terminen: Stadtwerkesitzung, Gesellschafterversammlung des Dualen Systems, Treffen der Sportvereine, Fraktionssitzung. Zeit für mich bleibt da nicht. Früher hab' ich gern Sport gemacht. Jetzt will ich wenigstens einmal die Woche ins Fitnessstudio um die Ecke, aber in den letzten vier Wochen hab' ich's kein einziges Mal geschafft. Ich versuche zumindest, einen Tag am Wochenende freizuhalten für die Familie. Die steht zu dem, was ich mache. Wenn ich abends um zehn, elf nach Hause komme, gibt es da keine langen Gesichter. Gut, der Haushalt ist natürlich ein Problem. Da macht jeder das, was ansteht. Aber es ist eben nicht mehr so ein Familienleben, wo jeden Sonntag um halb eins Klöße und Braten auf dem Tisch stehen. Irgendwie verändert man sich selber auch. Ich bin ungeduldiger geworden, das merke ich auch privat. Früher konnte ich besser zuhören. Jetzt geht es: erstens, zweitens, drittens.

Wenn ich abends ganz abgespannt bin, lass' ich alles fallen, und ab in die Badewanne. Dann lese ich meist noch – leider weniger Belletristik, eher Rundschreiben und Konzepte, zu denen man sonst nicht kommt. Wenn mein Mann noch munter ist, wird noch ein bisserl geredet. Es kommt ja vor, dass wir uns tagelang nicht sehen und nur telephonieren. Ich versuche, ihn in Termine einzubinden, die ihn interessieren: Theaterpremieren, Diskussionen. Anfangs hat ihm diese umgekehrte Rollenzuteilung zu schaffen gemacht, in der Regel kommt ja die Frau als Anhängsel mit. Wenn ich jetzt höre: „Ach, der arme Mann, seine Frau ist ständig unterwegs", dann geh' ich wirklich an die Decke. Umgekehrt ist das doch völlig normal!

Manchmal frage ich mich, wie lange man so einen Arbeitstag durchhalten kann. Ich glaube, wenn ich meine Arbeit nur als Job ansehen würde, wär' ich längst in die Knie gegangen. Aber das Mitgestalten macht einfach Spaß, darauf haben wir hier ja lange gewartet. Außerdem: Früher, als die Kinder noch klein waren, war das noch stressiger, da war man mit der Arbeit noch längst nicht fertig und musste schon das Kind aus der Krippe abholen. Da bin ich von einem schlechten Gewissen ins andere gefallen. Jetzt ist die Arbeit eher mein Hobby.

Mein Tag

Rose Shoshana

**44 Jahre alt, Fotografin
Galeristin und Filmemacherin,
lebt in Santa Monica, Kalifornien**

So gegen sieben Uhr wache ich auf in meinem Apartment in der Hill Street in Santa Monica. Die ersten Stunden des Tages sind eine Art Traumzeit, in der ich nachdenke über Vergangenheit und Zukunft, über mein Leben und meine Arbeit. Heute dachte ich an den Film über meine Mutter, an dem ich seit Jahren arbeite. Meine Mutter ist nun fast achtzig Jahre alt und der Film besteht bisher aus einer Reihe von Gesprächen über ihre Erlebnisse während des Krieges, ihre Zeit in den Lagern, ihre Befreiung aus Auschwitz, dann die Jahre in den D.P. Camps, wo sie meinen Vater kennen lernte. Er kam aus demselben polnischen Dorf; beide hatten ihre Familie verloren. Ich will verstehen, was dieses Leben bedeutet, für meine Mutter und für mich.

So gegen zehn Uhr bin ich geduscht und angezogen und fahre los. Bei Starbuchs an der Ecke hole ich mir einen *caffelatte*, eine Brioche und die Los Angeles Times und fahre weiter zur Main Street, Richtung Edgemar. Edgemar war

einmal eine Eierfabrik. Heute steht auf dem Gelände Frank Gehrys low-tech-Phantasie in kalifornischer Architektur: ein Innenhof mit zwei Bäumen und rundherum ein Museum für Moderne Kunst, ein Frauenbuchladen, Roeckenwagners Restaurant und meine Galerie für Zeitgenössische Fotografie.

Sobald ich die Glastür aufschließe, klingelt mir schon das Telefon entgegen. Bis 1992 war ich „nur" Fotografin und machte Dokumentarfilme. Ich konnte mit Menschen arbeiten und mich wieder zurückziehen. Heute bin ich so etwas wie eine öffentliche Person, von elf Uhr morgens bis acht Uhr abends (oder länger) ansprechbar für Besucher und Künstler, für Fotografen die ausstellen wollen, für Sammler und Mäzene: Kuratorin, Organisatorin, Pädagogin und Geschäftsfrau in einer Person, kurz, eine normale Galeristin.

Es gibt Tage, da kommen an die 200 Menschen, um unsere Ausstellungen zu sehen. Viele sind interessiert; die wenigsten bereit oder in der Lage etwas zu kaufen. Heute kam eine Frau, schaute sich um, ließ sich die Bilder erklären, blieb mehr als eine Stunde und fragte dann: „Kann man die Fotos auch kaufen?" Und ich fragte: „Was denken Sie wohl, wovon wir leben?" Die Leute genießen die Kunst, als seien wir ein Museum, das nicht mal Eintritt kostet. Dass ich jeden Monat für 25 000 Dollar verkaufen muss, damit die Galerie existieren kann, fällt kaum einem auf. Wir haben vielleicht zehn Kunden, die uns regelmäßig unterstützen. Ohne ihre Hilfe könnte ich den Laden schließen.

Ich habe hier einen Computer, einen Schreibtisch voller Bücher, und wenn ich nicht gerade Kunden berate, Buchhaltung führe oder Besuchern erkläre, dass sie die Mappen besser nicht mit verschwitzten Händen anfassen sollen, schreibe ich Rechnungen oder Briefe oder Faxe, um die nächste Ausstellung vorzubereiten.

In den letzten Monaten hatten wir eine Show mit Fotos von Jeff Bridges, eine andere mit Horace Bristol. Das ist ein amerikanischer Fotojournalist, der 1946 durch japanische Dörfer reiste und ein einfaches ländliches Leben dokumentierte, das es inzwischen nicht mehr gibt.

Heute haben wir die Fotos aus der Mappe von Eudora Welty gehängt. Sie ist eigentlich Schriftstellerin; aber während der großen Depression reiste sie durch die kleinen Städte in Mississippi und hielt die Zeit fest: Flüchtige Momente, die sich öffnen und vertiefen wie eine Geschichte.

Das Mittagessen fällt meistens aus; statt dessen gehe ich lieber für eine Stunde zum Yoga-Unterricht. An manchen Tagen fahre ich nachmittags nach Beverly Hills zu unseren Sammlern um Bilder und Bücher zu präsentieren, die ich für sie ausgesucht habe. Heute Nachmittag kam meine Mutter um mir mit den Einladungen für die Welty-Vernissage zu helfen. Sie hat Adressen und Briefmarken geklebt. Sehr ordentlich, sehr schnell, sehr akkurat, mit fast mechanischen Bewegungen. Ich schaue ihr zu: Was tut sie da? Wozu diese Anspannung, diese Perfektion? Hat das mit der Vergangenheit zu tun, damit, dass sie früher einmal perfekt arbeiten musste, um zu überleben?

Wenn ich abends die Glastüre abgeschlossen habe, fahre ich zum Santa Monica Airport, wo mein Freund Manfred Müller, ein Bildhauer aus Düsseldorf, sein Atelier hat. Wir gehen mit Freunden essen oder ins Kino oder überlegen uns, woher wohl das Geld für sein nächstes Projekt kommen wird. Ich konnte mir in den letzten drei Jahren keine Ferien leisten. Was soll's. Ich lebe mit Kunstwerken von großer Schönheit und Ausstrahlung.

5 Selektives Lesen eines Textes

Mit welcher Person haben Sie sich bisher beschäftigt? Oder finden Sie jetzt doch eine andere interessanter? Kein Problem. Erstellen Sie mit Hilfe des folgenden Formblattes ein Alltagsprofil.

Ein Alltagsprofil

Um wen geht es?

Name _____   Geburtsort _____

Vorname_____   Alter _____

Wohnort_____   Beruf _____

Womit vergeht ihr / sein Tag?

morgens _____

mittags _____

abends _____

bevorzugte Tageszeit (und warum?)_____

_____

Freizeitbeschäftigung _____

_____

Arbeit als Job bzw. Lebensinhalt?

Stress (wann, wodurch?) _____

_____

was schön ist / gefällt _____

_____

was ärgert / unangenehm ist _____

_____

War es früher anders? – Wie ist es heute?

was sich gegenüber früher verändert hat_____

_____

Hat er / sie Pläne?

für die Zukunft _____

_____

andere Pläne / Ziele   _____

Und was noch?   _____
(Notieren Sie hier alles, was man über den betreffenden Menschen
außerdem noch erfahren sollte, damit es ein „richtiges" Portrait wird.)

6   Informationsaustausch

a)   Überlegen Sie sich zuvor, wie Sie den Informationsaustausch über die
     unterschiedlichen „Alltagsprofile" in der Lerngruppe durchführen
     wollen. Tragen Sie dann in der vereinbarten Form Ihre Ergebnisse vor.
     Klären Sie Unstimmigkeiten, ergänzen Sie Lücken in Ihrem jeweiligen
     Entwurf.
b)   Was ist ungeklärt geblieben?
c)   Welcher der drei Berufe erfüllt am ehesten jene Forderungen an einen
     idealen Arbeitsplatz, die Sie für sich oben aufgestellt haben (Übung
     2), und warum?
d)   Könnten Sie selbst eine Person interviewen und daraus einen Text er-
     stellen, wie er für die Serie *Mein Tag* geschrieben sein könnte?

Wortschatz

7   Hier ein fiktives Interview zum Thema *Mein Alltag*.

a)   Wie heißen die Fragen bzw. wie könnten sie heißen?
b)   Welchen Beruf übt der oder die Befragte offenbar aus?

1.   _____?

Nicht allzu früh, aber auch nicht zu spät. Morgens brauche ich Ruhe.

2.   _____?

Ich hasse es, schon morgens eine Dreiviertelstunde im Stau zu stehen!
Die Straßenbahn kommt bekanntlich immer durch. Also, ich habe
mich schon vor Jahren klar entschieden.

3.   _____?

Erstmal alles zusammensuchen, was ich heute brauche. Alle Vorbereitungen treffen, sozusagen. Das kann manchmal relativ viel sein.

4. _____?

Ja, das stört mich wahnsinnig. Ich sage das auch, da kenn' ich nix!

5. _____?

Einen Papagei, so einen ganz bunten, wissen Sie, der am Fenster auf einer Schaukel sitzt, aber um Gottes willen keinen Lärm macht!!! Den hab' ich schon genug um die Ohren!

6. _____?

Lesen – weil's Ruhe bringt, joggen – weil's gesund ist.

8   Regeln für Interviewer

Welche Verben lassen sich mit den Wendungen in der linken Spalte kombinieren?

a) sog. kalte (unvorbereitete) Interviews	anstellen
b) einen Fragenkatalog	vorbereiten
c) Recherchen	vermeiden
d) Zeitungsausschnitte	sichten
e) Hilfsmittel	durcharbeiten
f) Informationen	sammeln
g) mit einer leicht zu beantwortenden Frage	notieren
h) Atmosphäre	beginnen
i) auf Rückfragen nur kurze Antworten	auflockern
j) die provokativste Frage gegen Schluss	stellen
k) den Partner nicht	geben
l) keine Suggestivfragen	vermeiden
m) Entscheidungsfragen (ja / nein)	verärgern
n) neutral	eingehen
o) keine Wischi-Waschi-Fragen	bleiben
p) auf Unerwartetes	festhalten
q) flexibel	überarbeiten
r) Antworten	bestätigen lassen
s) sich mit der Technik	vertraut machen
t) sprachlich	
u) Interviewtext vom Gesprächspartner	

Schreiben

9   Formulieren

Im Folgenden ein kurzer Text zum Thema „Kreativität im Alltag", den Sie – nach den drei Pünktchen – unter Verwendung der vorgegebenen Inhaltshinweise zu Ende schreiben können. Diskutieren Sie zuvor:

Was bezieht sich worauf?
Welche Zusammenhänge können – mit Konnektoren – hergestellt werden?

Aus welchen Nomen können Verben gebildet werden?

Manche Menschen meinen, dass „Kunstwerke" nur von speziell und außergewöhnlich begabten Menschen geschaffen werden können. Wenn hingegen jemand „nur" in Mathematik, im Sport oder auf einem anderen Gebiet besondere Leistungen bringt, so gilt dies als „etwas anderes". Demgegenüber ist eine Bostoner Forschungsgruppe der Auffassung, dass … (Kunststücke des Alltags: unerkannt – in vielen Lebensbereichen – Plan: wissenschaftlich untersuchen – Alltagskreativität = schöpferisches Handeln mit Bezug zu den Mitmenschen – Automechaniker: Erfindung eigener Werkzeuge – Büroleiter: Vereinfachung von Arbeitsabläufen – Mutter: Aufbau einer Kindertagesstätte – Kreativität im Alltag: Notwendigkeit für jeden Menschen – sich verändernde Umwelt – auch enge Verbindung: kreatives Handeln, Gesundheit).

Leseverstehen

10   Rekonstruieren Sie, in welcher Reihenfolge die folgenden Aktennotizen (siehe Seite 129–130) geschrieben wurden: Tragen Sie die Namen der Personen in die Rechtecke, die Textnummern in die Kreise ein.

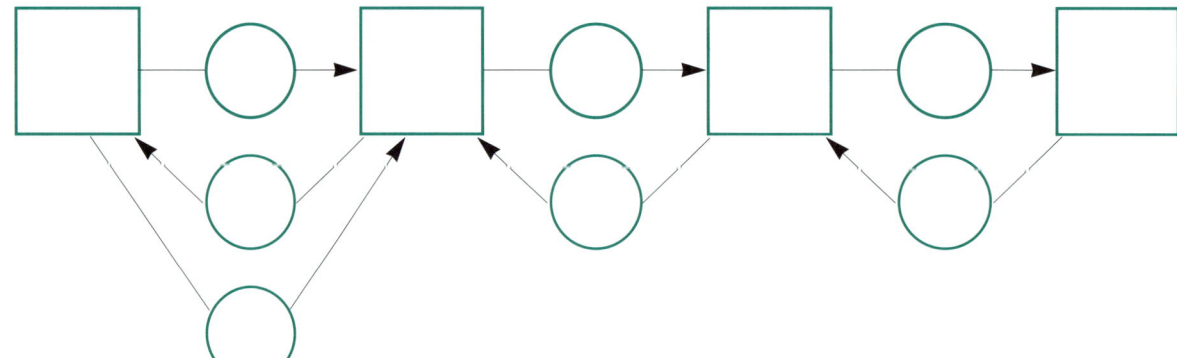

11   Analyse

Worin besteht das innerbetriebliche Kommunikationsproblem?

Wortschatz

12   Typischer Wortschatz

Für Geschäftsdeutsch, wie es in den obigen Aktennotizen vorkommt, sind manche Begriffe charakteristisch, z.B. das Wort „Unterlagen". Stellen Sie selbst ein kleines Wortfeld mit Wörtern und Wendungen zusammen, die Ihnen in den Texten aufgefallen sind und die Sie lernen wollen.

13 Notieren Sie, welche Verben in den sieben Texten verwendet werden:

Text 1: _____

Text 2: _____

Text 3: _____

Text 4: _____

Text 5: _____

Text 6: _____

Text 7: _____

Verwenden Sie nun jeweils eines dieser Verben, um die folgenden Sätze sinngemäß zu ergänzen:

a) Der Vorstandsvorsitzende …
b) Am 16. des Monats …
c) Bis zum 15. des Monats …
d) Für die Besprechung …
e) Die Daten zur Geschäftsentwicklung …
f) Die Unterlagen für die Besprechung …
g) Anbei …
h) Unnötige Ausarbeitungen …
i) Von meinen Mitarbeitern …
j) Falls etwas besonders …
k) Für weitere Rückfragen …
l) …, detaillierte Listen …

Text 1

Leiter Länderbereich Europa   x. November

Notiz für Prokurist Meyer-Kano,
Verkauf Südeuropa
Am 27. findet bei Generaldirektor Dr. Borg eine Besprechung mit Herrn Careno, Falimos Italien, statt. Ich bin aufgefordert, über den aktuellen Geschäftsstand etc. zu berichten. Erbitte deshalb bis zum 17.11. eine kurze Zusammenfassung unseres Italien-Geschäftes in diesem und im letzten Jahr.

gez. Hoffmann

Text 2

Falimos AG
Vorstandsvorsitzender   x. November

Notiz für Direktor Hoffmann, Länderbereich Europa
Am 27. dieses Monats wird mich Herr Careno, Leiter Falimos Italien, auf der Durchreise kurz besuchen. Bitte geben Sie mir einige Tage vorher Bescheid, ob irgendetwas Besonderes vorliegt.

gez. Dr. Borg

Text 3

> Referat Italien   x. November
>
> Notiz für Herrn Prokurist Meyer-Kano
> Betrifft: Grundsatzgespräch des Vorstandes am
> 27.11. über bisherige und zukünftige Geschäfts-
> entwicklung der Falimos, Italien
>
> Anbei folgende Unterlagen: Umsatzzahlen, nach
> Produkten aufgeteilt, und entsprechende Rendite-
> Berechnungen (10-Jahres-Zeitraum), 5-Jahres-Plan
> (Produkte / Personal / Kosten-Nutzen-Rechnung),
> Preisentwicklung und Konkurrenzverhalten, Aus-
> züge aus Reiseberichten (3 Jahre).
> Anlagen: 12 Aufstellungen (29 Seiten)
>
>   gez. Pinzel

Text 4

> Meyer-Kano
> Prokurist   x. November
>
> Notiz für Referat Italien, Herrn Pinzel
> In Kürze findet eine wichtige Vorstandssitzung über
> die Zukunft unseres Italien-Geschäftes statt. Erbit-
> te bis zum 14. November die für solche Anlässe üb-
> lichen Unterlagen (detailliert, mindestens 5-Jahres-
> Zeitraum), aus denen der Vorstand die nötigen
> wirtschaftlichen und personellen Schlüsse ziehen
> kann. Besprechung der Unterlagen bei mir am
> 15.11.
>   gez. Meyer-Kano

Text 5

> Leiter Länderbereich Europa   x. November
>
> Notiz für Herrn Generaldirektor Dr. Borg
> Wie ich auf Rückfrage bei den unmittelbar Verant-
> wortlichen erfuhr, liegt im Italiengeschäft der Fir-
> ma tatsächlich nichts Besonderes vor. Mein Sekre-
> tariat hat mir aus einigen aktuellen Unterlagen für
> alle Fälle ein paar Eckdaten herausgezogen, die ich
> Ihnen anbei weiterleite, falls Sie etwas zur Hand
> haben wollen. Für Teilnahme am Mittagessen ste-
> he ich gegebenenfalls zur Verfügung.
>
>   gez. Hoffmann

Text 6

> Dr. Borg   x. November
>
> Notiz für Direktor Hoffmann
> Anbei Ihre kleine Zahlenaufstellung mit Dank
> zurück; ich habe sie beim Gespräch mit Herrn Ca-
> reno nicht benötigt. C. war nur für 15 Minuten zu
> einem Höflichkeitsbesuch bei mir und bestätigte,
> dass nichts Besonderes vorliegt. So war es durch-
> aus gut und richtig, dass keine unnötigen Ausar-
> beitungen, detaillierte Listen oder Ähnliches ange-
> fertigt wurden.
>
>   gez. Dr. Borg

Text 7

> Verkauf Südeuropa   x. November
>
> Notiz für Herrn Direktor Hoffmann
> Anbei meine Zusammenfassung der wesentlichen
> Punkte zur Situation Italien (12 Aufstellungen, 29
> Seiten) für die Vorstandssitzung am 27.11.
>
>   gez. Meyer-Kano

Günther Klein:
  Um Himmels Willen, bloß keinen Aufwand!
  in: Süddeutsche Zeitung vom 14./15.11.1992

14 Büroorganisation

a) Was auf dem Schreibtisch liegt:
Kalender, Aktenordner, Schnellhefter, Aktendeckel, Notizblöcke, Klarsichthüllen, Anspitzer, Locher, Hefter, Heftklammern, Stifte, Memos, sofort zu erledigende Vorgänge u.a.m.

b) Was sich in Aktenordnern befindet:
Briefe, Aktennotizen, Abrechnungen, Rundschreiben, Mitteilungen, Prospekte, Formulare, Listen, Ausdrucke, Entwürfe, Diskussionsvorlagen, Berichte u.a.m.

c) Was man im Büro alles machen kann:
ablegen, abheften, lochen, (zusammen)heften, (aus)radieren, anspitzen, eintragen, austragen, in den Papierkorb werfen u.a.m.

Angenommen: Es ist Freitagnachmittag und Sie räumen Ihren Schreibtisch auf. Auch das gehört für manchen zum Alltag. Was ist da zu tun? (Kombinieren Sie die obigen Verben und Nomen.)

Schreiben

15 Briefe wie die folgenden entstammen Standardsituationen, wie sie jeden Tag eintreten. Der erste Brief ist „persönlich" gehalten. Versuchen Sie, ihn in einen „formellen" Brief zu „übersetzen"; die angegebenen Formulierungsvorschläge können hilfreich sein. Wenn Sie nicht mehr genau wissen, wie Sie den Brief aufbauen sollen, dann sehen Sie doch noch einmal auf Seite 58 ff. nach.)

Persönlicher Brief

Lieber Hans,

tausend Dank für deine Karte, die ich am Samstag im Briefkasten fand. Heute nur ganz schnell: Ich muss – leider! – meinen Besuch bei euch um zwei Wochen verschieben. Geht das? Dummerweise ist mir im Büro etwas dazwischengekommen, bei einem der Projekte klappt's irgendwie nicht, so dass ich nun selber hinfahren und nachsehen muss.
Ich hoffe, meine Absage so kurz vorher bringt eure Pläne nicht allzu sehr durcheinander!
Nochmals viele Grüße an alle von

Formeller Brief

… vielen Dank für Ihre Nachricht vom …
…, die wir eben erhalten haben
Bedauerlicherweise / Leider bin ich gezwungen …
Termin absagen
unvorhergesehene Schwierigkeiten
bei der Reiseplanung umdisponieren müssen
Grüße ausrichten an ….

Alles Geschichte

Diskussion

1   Fragebogen

Was heute noch Zukunft ist, ist morgen schon Gegenwart und bald
darauf Vergangenheit – oder sogar „Geschichte"?

1. Gehörte Geschichtsunterricht in der Schule zu Ihren Lieblings-
   fächern? Warum (nicht)?
2. Wie wurde an Ihrer Schule (in Ihrem Land / in Ihrer Heimat) Geschichte unterrichtet?
3. Wie würden Sie die Begriffe „Geschichtsbewusstsein" und „Ge-
   schichtslosigkeit" erklären?

Redemittel

2   Erinnerung, Gedächtnis, Geschichte

Dieses Denkmal erinnert an einen berühmten Staatsmann.
Das erinnert mich an meine Kindheit.
Ich erinnere mich noch gut an die achtziger / siebziger / sechziger / fünf-
    ziger … Jahre.
Ich erinnere mich genau / nur ungenau / dunkel / vage / undeutlich /
    ganz deutlich …
Wenn ich an … zurückdenke / auf … zurückblicke, …
Wenn ich mich recht erinnere, … / Wenn mich meine Erinnerung
    nicht täuscht, …
Ich habe (k)eine Erinnerung an den Tag, an dem …
Ich kann mich noch schwach daran erinnern, wie ich …
Es ist wichtig, sich manche Dinge ab und zu in Erinnerung zu rufen.
Das ist mir noch gut / nicht mehr erinnerlich.
Mit den Klassenkameraden von früher haben wir Erinnerungen
    ausgetauscht.
Zur Erinnerung an die Ferien haben wir eine Muschel vom Strand
    eingepackt.
Im Rückblick / In der Rückschau / Rückblickend muss man sagen, dass
    …

etwas (im Gedächtnis) behalten
ein gutes / schlechtes Gedächtnis / Erinnerungsvermögen haben

etwas vergessen
etwas verdrängen

das individuelle / kollektive Gedächtnis

die Geschichte
die Geschichtswissenschaft, der Historiker
geschichtliche / historische Ereignisse / Epochen
ein geschichtlich / historisch bedeutendes Bauwerk / Gebäude / …
die politische Geschichte / die Sozialgeschichte / die Kulturgeschichte /
die Alltagsgeschichte

Spuren der Vergangenheit
Bilder vergangener Ereignisse
(…)

3   Wenden Sie die obigen Redemittel an. Schreiben Sie die folgenden
Sätze weiter:

a)   Die meisten Denkmäler, die ich kenne, …
b)   An meine Kindheit …
c)   Wenn ich auf die letzten zehn Jahre zurückblicke, …
d)   Ein Historiker …
e)   Wer kein gutes Erinnerungsvermögen hat, …
f)   … historische Ereignisse.
g)   Ich kann mich noch schwach daran erinnern, …
     (…)

Schreiben

4   Formulieren

Der Schriftsteller Walter Kempowski (bekannt geworden durch Bücher
wie *Im Block, Tadellöser & Wolff, Echolot* u.a.) begann 1980 mit dem
Aufbau eines Archivs. Unveröffentlichte Tagebücher und Autobiografien
suchte er per Zeitungsanzeige: „…, auf diesen Gedanken kam ich bei den
Vorarbeiten zu meinen Romanen, die umfassender Recherchen bedurften.
Damals ließ ich Verwandte und Bekannte aus ihrem Leben erzählen und
sah ganze Stöße von Tagebüchern, Briefen und Akten durch. Was da zu-
tage trat an erlebter Zeitgeschichte, war so individuell und ungewöhnlich,
dass es mich geradezu süchtig machte. Schon bald begann ich also, ganz
unabhängig von meinen Arbeiten, nach originären Selbstzeugnissen zu

suchen. Ich wollte wissen, wie Geschichte jenseits ideologischer, verkürzter, aufgebauschter oder in schwarz-weiß gemalter, die jüngste Vergangenheit oft entstellender Publikationen von den Betroffenen selbst gesehen wird."

Der folgende Text über das Tagebuchschreiben lässt sich – nach den drei Pünktchen – unter der Verwendung der vorgegebenen Stichwörter weiterschreiben.

Nicht nur Schriftsteller, auch Sozialwissenschaftler interessieren sich für Tagebücher. Denn wer ein Tagebuch führt, …
festhalten – Vergangenheit – Erinnerung – lebendig – Dokumente zur Alltagsgeschichte – Ereignisse: privates Leben, historische Zeit – nicht alle Menschen: Gedanken und Erinnerungen – Rückblick: eigenes Leben / Krisensituation: eigene Position bestimmen – Geschichtsschreibung: Dokumente zur Alltagsgeschichte

5   Ein Mensch, an den ich mich erinnere

Planen
Versuchen Sie, sich an eine Person zu erinnern – an einen früheren Lehrer oder Professor, an einen Schuster oder einen Polizisten, eine Tante oder einen Onkel, an die Großeltern … Stellen Sie sich die Person nochmals vor und machen Sie sich zu ihrem Beruf, zu ihrem äußeren Erscheinungsbild, zu ihren „Sprüchen" usw., also zu ihren wesentlichen Merkmalen und Eigenschaften Notizen. Welchen Umfang Ihre Biografien haben sollen, darüber einigen Sie sich am besten vorher in der Lerngruppe, es sollten aber mindestens 250 Wörter sein.

Formulieren
Erproben Sie Redemittel zum Thema „Erinnerung, Gedächtnis, Geschichte".

Überarbeiten
Schreiben Sie einen Entwurf, überarbeiten Sie ihn mit einem Lernpartner und fertigen Sie dann einen endgültigen Text an.

Bildbeschreibung

6 a) Geben Sie dem folgenden Bild (Seite 136) einen Titel.
   b) Das Bild wurde am 7. Oktober 1989 in Ost-Berlin aufgenommen. Beschreiben Sie die dargestellte Situation.

c) Erinnern Sie sich noch daran, was Sie am 9. November 1989, dem Tag der Maueröffnung in Berlin, gemacht haben? Können Sie sich von dieser Zeit noch ein „Bild" (aus dem Fernsehen, aus der Presse, aus eigenem Erleben) aus dem Gedächtnis zurückrufen und es beschreiben?

Leseverstehen

7 Geschichte live: Die folgenden Äußerungen konnte man in der Münchner ABENDZEITUNG vom Samstag/Sonntag 11./12. November 1989 lesen:

„Ich habe so was noch nie erlebt."
DDR-Bürger an der Grenze

„Junge, wir doch auch nicht."
Antwort von West-Berlinern

„Na, Dicker, wat sachste nu?"
Frage eines Ost-Berliners beim Grenzübertritt an einen DDR-Grenzbeamten

„Der janze Alexanderplatz ist voll von West-Berlinern. Und keener hat 'nen Ausweis in der Tasche."
Ost-Berliner in West-Berlin

„Ick wollt' nur mal sehn, wie det Brandenburger Tor vonne anderen Seite aussieht."
Ost-Berliner in West-Berlin

„Welcher Mensch braucht 86 Sorten Salami?"
Ost-Berlinerin im West-Berliner „Kaufhaus des Westens"

„Erst muss mal die Ablösung kommen."
DDR-Grenzer auf die Frage, wann er in den Westen komme

„Ich bin dagestanden ohne einen Pfennig West. Da hat mir ein junger
Mann 50 Mark in die Hand gedrückt und mich in ein Taxi gesetzt. Um
halb fünf hab' ich bei meiner Tochter sturmgeläutet. Die hat geschrien im
Flur, gequiekt."
DDR-Bürgerin, deren Reiseantrag nach West-Berlin erst am Dienstag abgelehnt
worden war und die erstmals nach fünf Jahren ihre Tochter sah

„Als ich sechs war, wurde die Mauer gebaut. Jetzt ist mein Junge sechs."
Trabbi-Fahrer in West-Berlin

„Werft die Türken raus! Jetzt kommen wir!"
Ost-Berliner in West-Berlin

„Am Brandenburger Tor verletzten in der Nacht mehrere hundert Bürger
aus der Hauptstadt der DDR und aus Berlin (West) die Staatsgrenze."
DDR-Nachrichtenagentur ADN am Freitagmorgen

„Zahlreiche DDR-Bürger passierten heute Nacht Grenzübergänge zu
Berlin (West), nachdem sie ihre Personalausweise den DDR-Grenzposten
vorgezeigt hatten."
ADN am Freitagmorgen

„Im Juni habe ich mich mit einem gefälschten Pass rübergemacht, 20 000
West-Mark hat mich das gekostet. Jetzt wär's umsonst gegangen."
Ehemaliger DDR-Bürger

8 Dieser Sachtext enthält eine Kurzdarstellung der Ereignisse am Abend
des 9.11.1989. Lesen Sie den Text genau: *Wann?* hat *wo?*, *wer?*, *was?*
gemacht? Tragen Sie die entsprechenden Angaben in die nachfolgende
Tabelle ein.

Mitten in die Ereignisse fiel am 9. November 1989 die Ost-Berliner Pressekonferenz des Politbüro-Mitglieds Günther Schabowski. Sie fand am Rande einer Plenarsitzung des SED-Zentralkomitees statt. Schabowski sprach kurz vor 19.00 Uhr überraschend von einer Neuregelung: „Die Privatreisen nach dem Ausland können ohne Vorliegen von Voraussetzungen … beantragt werden. Die Genehmigungen werden kurzfristig erteilt." Auf die Nachfrage „Wann tritt das in Kraft?" antwortete der Sprecher, seiner Kenntnis nach „sofort, unverzüglich". Ein weiteres Nachhaken betraf West-Berlin. Schabowski: „Also, doch. Doch. Ständige Ausreisen können über alle Grenzübergangsstellen der DDR zur BRD beziehungsweise Berlin (West) erfolgen."

Die vorgesehene Regelung sprach, noch im Stil des alten Denkens, von „Genehmigungen", das heißt von bürokratischen Hürden. Es sollte sich nur um eine Zwischenregelung bis zu einem endgültigen Reisegesetz handeln. An dem Papier hatten mehrere Instanzen der Partei- und Staatsbürokratie mitgearbeitet. Keiner der Autoren überblickte wohl für seinen Teil, dass die Summe der einzelnen Beiträge eine brisante Mischung darstellte. Jedenfalls begann nach den Abendnachrichten ein Massenansturm auf die Grenzübergangsstellen in Richtung West-Berlin. Die unvorbereiteten Grenztruppen gaben schließlich gegen 22.00 Uhr den Weg frei, bald ohne jede Ausweiskontrolle. Dort trafen die Besucher auf herbeigeströmte West-Berliner, die ihrerseits ohne Formalitäten die Übergänge passierten. Die Berliner Bilder von den Begrüßungsszenen und dem Wiedersehensfest gingen um die Welt. In derselben Nacht erfasste die Bewegung auch die innerdeutsche Grenze.

aus: Udo Wetzlaugk:
Die geteilte Stadt in einem
geteilten Land

Wann?	Wo?	Wer?	Was?
auf der Pressekonferenz	in Ost-Berlin		
nach den Abendnachrichten			
gegen 22.00 Uhr			
in derselben Nacht			

9   Was ist gemeint? Worauf bezieht sich das kursiv gedruckte Wort?

a)   *Sie* fand am Rande einer Plenarsitzung … statt

_____

b)   Wann tritt *das* in Kraft?

_____

c)   An *dem Papier* hatten mehrere Instanzen … mitgearbeitet.

_____

d)   *Dort* trafen die Besucher auf … West-Berliner, …

_____

e)   …, *die* ihrerseits … die Übergänge passierten.

_____

f)   In derselben Nacht erfasste *die Bewegung* auch die innerdeutsche Grenze.

_____

Wortschatz

10   **Verben und Substantive**

Auf welche Substantive im Text beziehen sich folgende verbale Ausdrücke?

a)   statt/finden _____

b)   beantragen_____

c)   erteilen _____

d)   in Kraft treten _____

e)   erfolgen _____

f)   mit/arbeiten _____

g) frei/geben _____

h) passieren _____

i) um die Welt gehen _____

11 Zeitausdrücke

überraschend – bald – unverzüglich – ständig – endgültig – brisant – unvorbereitet – kurzfristig

Welches dieser Wörter bedeutet (im obigen Text)

a) dass etwas innerhalb kurzer Zeit geschieht? _____

b) „jetzt", „in diesem Moment" _____

c) „immer" _____

d) das Gegenteil von „provisorisch", „unfertig" _____

Leseverstehen

12 Auszug aus einem Roman

Die Ereignisse der „friedlichen Revolution" im November 1989 sind auch Gegenstand literarischer Texte geworden. So handelt das nachfolgend abgedruckte VI. Kapitel des 1992 erschienenen Romans *Ausharren im Paradies* von Renate Feyl von einem fiktiven Familientreffen kurz nach dem Fall der Mauer.

Der Klappentext des Buches gibt eine kurze Auskunft über die Autorin: „Renate Feyl, 1944 in Prag geboren, studierte Philosophie. Lebt als freie Schriftstellerin in Berlin. Schrieb Romane und Essays."

a) In diesem Romanauszug wird die Reiseroute einer der Figuren beschrieben. Sie können die Stationen dieser Reise in eine wahrscheinliche Reihenfolge bringen ohne den Text gelesen zu haben.

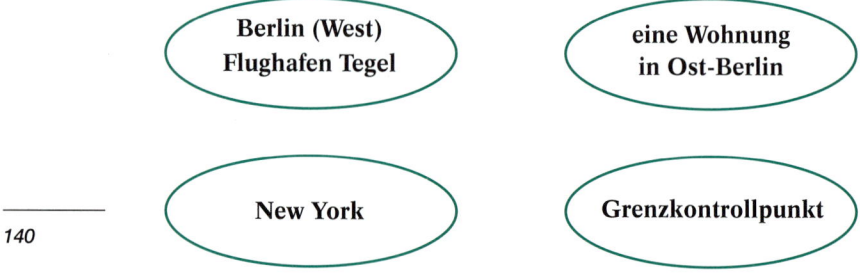

b) Verschaffen Sie sich beim ersten – kursorischen – Lesen einen Überblick über die Namen der Romanfiguren und die Verwandtschaftsverhältnisse.

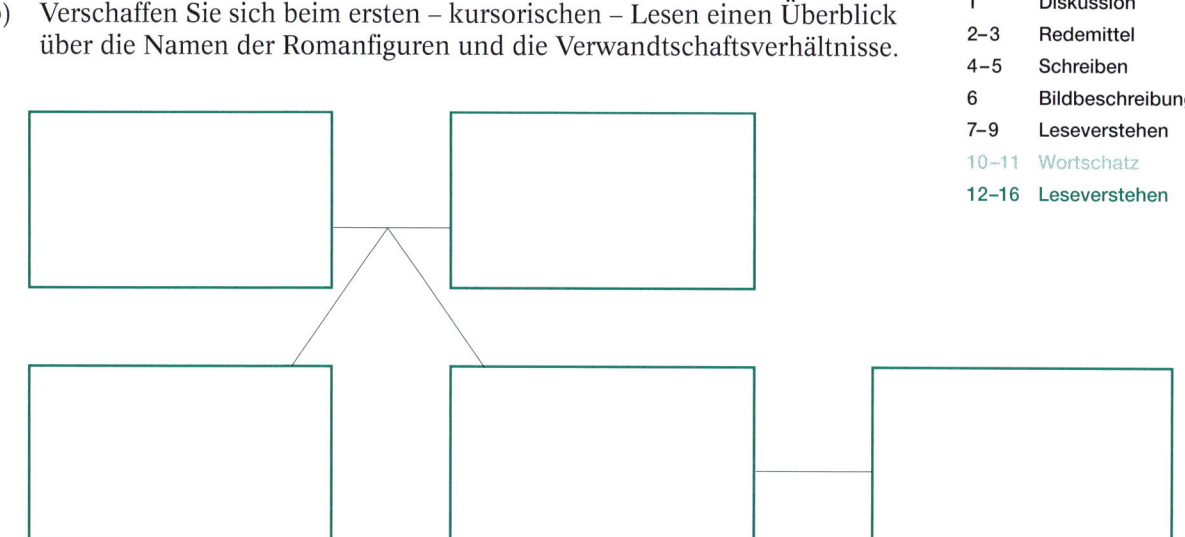

Renate Feyl

Ausharren im Paradies

Roman

VI

Drei Tage nach dem Fall der Mauer klingelte am frühen Morgen das Telefon. Kogler war gerade aufgestanden. Ungehalten darüber, daß jemand schon um diese Zeit anrief, nahm er den Hörer ab. Edy war am Apparat.

Edda, rief er freudig, ich kann dich gut hören.

Ihre Stimme klang seltsam aufgeregt. Ich wollte nur sagen, daß ich am Flughafen Tegel bin.

Kogler stutzte. Tegel, Moment mal, wieso Tegel, ich denke, du bist in New York!

Ja, sagte Edda, ich gehöre zu den Glücklichen, die noch einen Flug nach Berlin bekommen haben. Ich miete mir jetzt ein Auto und bin in einer Stunde bei euch.

Jesusmaria! rief Kogler, wir haben doch gar nichts vorbereitet!

Das macht nichts, bis gleich.

Er stürzte zu Anna, die noch im Bett lag. Aufstehen, rief er, schnell, beeil dich, das Edderl kommt hierher!

Anna glaubte sich verhört zu haben, dann sprang sie mit einem Freudenschrei aus dem Bett, heizte rasch den Kachelofen an, lüftete die Zimmer, eilte ins Bad, hängte Franz das weiße Hemd und das Jackett heraus, zog sich selber sonntäglich an, legte auf den Tisch ein feines Damasttuch und holte das gute Service aus dem Schrank. Kogler griff noch einmal zum Hörer, um die frohe Botschaft seiner anderen Tochter mitzuteilen, hörte zum zweiten Mal einen Freudenschrei an diesem Morgen und bat Katharina, sofort zu kommen, damit sie alle beisammen wären, wenn Edda erschien. Dann rasierte er sich schnell und legte auf Annas Hinweis eine Flasche Sekt in die Tiefkühltruhe, dieweil sie zum Bäcker lief, um Kuchen, Torte und

45 Schrippen zu holen, vor allem frische Schrippen, die im Osten ganz anders, ursprünglicher, eben besser schmeckten und die Edy in Westberlin stets so vermißt hatte. Es sollte an nichts fehlen.

50 Unterdessen fuhr Edda langsam und mit stockendem Atem auf den Grenzkontrollpunkt zu. Auf beiden Seiten der Straße sah sie Menschen über Menschen, die in den Westteil der Stadt 55 strömten. Daß sie ausgerechnet jetzt in die entgegengesetzte Richtung wollte, berührte sie seltsam, weil es in diesem Augenblick fast eine Fahrt gegen den Strom der Geschichte war. Doch die 60 konnte sie sich um so mehr leisten, da sie ihnen allen diesen Weg in den Westen, diesen Schritt in die Freiheit, voraushatte. Sie sah die Grenzer plaudernd in Grüppchen zusammenstehen und 65 glaubte ihren Augen nicht zu trauen, als sie freundlich durchgewinkt wurde. Jetzt erst wußte sie, daß sich die Welt verändert hatte, und konnte es trotzdem nicht fassen. Viele Male hatte sie ein Einrei- 70 sevisum nach Ostberlin beantragt, und jedesmal war es ohne Begründung abgelehnt worden. Daß plötzlich selbstverständlich sein durfte, was bislang als unüberwindbar galt, war so, als würde 75 sich die stets für verkehrt gehaltene Welt erneut verkehren wollen. Im Augenblick schien nichts mehr zu stimmen. Das eigentlich Normale, die Eltern und die Schwester besuchen zu können, kam ihr 80 plötzlich wie das Unnormale vor, so daß sie seltsam irritiert durch die altbekannten Straßen fuhr. Sie war erschrocken, daß alles noch so aussah, wie sie es verlassen hatte, aber auch, daß al- 85 les noch mehr verfallen war. Im stillen dachte sie, die Bewohner hätten wenigstens einmal ihre Fensterrahmen streichen können. Das wäre doch wohl in all den Jahren zu schaffen gewesen. Aber 90 es mußte ja jeder selbst wissen, wie er seine Umgebung gestaltete. Sie hatte glücklicherweise diesen Verhältnissen rechtzeitig den Rücken gekehrt und begriff nicht, wie es die Menschen hier 95 überhaupt aushalten konnten.

Als sie in die Straße einbog, wo ihre Eltern wohnten, sah es nicht weniger trostlos aus. Jeder, der hier wohnen mußte, tat ihr leid. Sie parkte direkt vor dem Haus, nahm eine Champagnerflasche 100 aus dem Kofferraum und zwei große Plastiktüten voller Geschenke, stieg aufgeregt die Treppen empor, hielt einen Augenblick inne und holte tief Luft, um dem Moment des Wiedersehens ge- 105 wachsen zu sein. Sie klingelte zweimal kurz hintereinander wie früher, und dann ging schon die Tür auf, und da standen Franz und Anna, weißhaarig und würdig. Sie fiel ihrer Mutter um den 110 Hals, umarmte ihren Vater, rannte auf Katharina zu, und es herrschte Freude und ein Jubel, der kein Ende nehmen wollte.

Dann begrüßte sie ihren Schwager, 115 den sie heute zum ersten Mal sah. Alle gingen ins Wohnzimmer, standen um den schön gedeckten Tisch, und Hellberg mußte die Champagnerflasche öffnen. Sie tranken auf das Unfaßbare, auf 120 das Wunder der Geschichte und waren fast verlegen vor so viel Glück. Keiner wußte, womit er zuerst beginnen sollte, denn es gab zu viel zu erzählen. Plötzlich schien sich alles überschlagen zu 125 wollen, die Erinnerungen und das Tagesgeschehen, denn sie waren vom Fall der Mauer derart überrascht worden, daß sie sich innerlich noch ganz benommen fühlten. 130

Hellberg verglich mit stillem Vergnügen die beiden Schwestern, die sich auf den zweiten Blick verblüffend ähnelten. Katharina war beeindruckt von Edys auffälliger Eleganz und schien sich ganz 135 sicher, daß so eine westliche Erfolgsfrau aussehen mußte. Sie bemerkte, daß die Schwester etwas betroffen das Zimmer in Augenschein nahm, denn außer dem Gummibaum, der eine exotische Üppig- 140 keit entfaltete und dem ein geheimnisvolles Wachstum innezuwohnen schien, hatte sich nichts verändert. Wie zum Trost erhob sie noch einmal das Glas und sagte: Hauptsache, ihr seid alle ge- 145 sund.

Kogler nahm freudig einen vollen Zug, und Edy meinte: Das trinkt man langsam und genießt es. Das ist schließlich Champagner!

150 Nun, es ist ja noch genügend da, sagte Kogler, wir haben ja auch ein gutes Fläschchen Sekt kaltgestellt.

Um jeglichem Ausfragen am Familientisch zuvorzukommen, bemerkte Edy,
155 daß viele New Yorker sie jetzt beneideten, denn sie hatte noch einen stand-by-Flug nach Deutschland bekommen. Seit dem Fall der Mauer zog es die Amerikaner in Scharen nach Berlin, und auch
160 für sie war es nur eine Stippvisite. Sie mußte morgen schon wieder in die Staaten zurückfliegen. Doch vorher wollte sie noch ihre Nichte sehen und natürlich ins Stadtzentrum gehen, zum Branden-
165 burger Tor. In zwei Jahren komme ich dann für immer nach Deutschland zurück, sagte sie, denn die Firma wartet schon auf meine neuen Ideen.

170 Anna war stolz auf Edy, die ihren Jugendtraum lebte, denn nichts hätte sie lieber getan, als einmal für ein paar Jahre nach Amerika gehen zu können. Daß sich dies nun indirekt durch ihre Toch-
175 ter erfüllte, war ihr ein großer Trost. Kogler dagegen hatte eigentlich gehofft, daß Edda etwas zur Bereicherung der deutschen Kultur beitragen würde. Statt dessen flatterte sie in diesem herunterge-
180 kommenen Amerika umher, wo es für seine Begriffe ohnehin nichts Vernünftiges zu lernen gab. Im stillen bedauerte er seine Tochter, die einem unglückseligen Reisetrieb folgte und leider noch
185 immer ungebunden war. Er begriff bis heute nicht, weshalb sie damals diesen prächtigen Uwe Lidman nicht geheiratet hatte, der immerhin schon Professor war, eine Kinderklinik leitete und ein
190 Lehrbuch geschrieben hatte. Aber das war ihr ja alles nicht gut genug.

Du wirst dich doch dort drüben nicht etwa mit einem Amerikaner oder gar noch mit einem Schwarzen eingelassen
195 haben, sagte Kogler, und Edy lächelte ihrer Schwester und dem Schwager zu, meinte nur, daß er sich darüber keine Sorgen zu machen brauche, und fügte

mit spitzer Zunge hinzu, daß sie selbstverständlich deutsch, keusch und rein 200 geblieben sei.

Katharina amüsierte sich über die Schlagfertigkeit ihrer Schwester, sie tranken sich fröhlich zu, und Kogler ergriff wie immer, wenn alle am Familientisch 205 versammelt waren, die Gelegenheit zu einem Privatissimum, welches der Belehrung diente und stets die allgemeine Weltlage in den Mittelpunkt der Betrachtung stellte. Daß den Ostdeutschen 210 die größte Befreiungstat ihrer Geschichte gelungen war, erfüllte ihn mit ganz besonderem Stolz.

Jetzt erst merkte Edy, daß der Vater sich nicht verändert hatte, denn es war 215 wie immer: Er sprach und gab die Linie. Ihr habt die Mauer viel zu lange geduldet, warf sie ein, und Kogler bestritt dies ganz energisch.

Nachdem feststand, daß die Russen 220 nicht mehr eingreifen werden, sagte er, haben die DDR-Bürger umgehend dieses System abgeschüttelt. Schneller und erfolgreicher ist bislang in der deutschen Teilgeschichte noch nicht gehandelt wor- 225 den. Anna hatte Sorge, es könne zu einem politischen Streitgespräch kommen, holte den Sekt und wollte mehr von Edys Leben in Amerika hören, doch Kogler fuhr unbeirrt in seinen Betrach- 230 tungen über den Niedergang des Sozialismus fort. Daß er einmal so reden würde, hätte sich Edy nie vorstellen können, und sagte nur: Aber damals hast du uns begeistert die zehn Gebote der soziali- 235 stischen Moral aufsagen lassen.

Ja und, meinte Kogler, hat es dir etwa geschadet? Du bist doch ganz gut in der Welt damit gefahren. Das war doch ein stabiles Gerüst. Außerdem sah es in den 240 Anfangsjahren mit dem Sozialismus noch ganz gut aus. Da war Schwung dahinter und Elan. Da war noch etwas von einer großen weltverändernden Idee spürbar, und die Partei hatte auf ihre 245 Fahnen geschrieben: Deutsche an einen Tisch. Das war doch wenigstens eine nationale Konzeption.

Ich konnte am Sozialismus nichts Gutes entdecken, bemerkte Edy, und 250

Kogler meinte nur: Du hast dich ja auch nie mit den Fragen der Theorie beschäftigt.

Mir hat die Praxis genügt, entgegnete sie kurz angebunden, denn sie sah nicht ein, sich vom Vater indirekt sagen lassen zu müssen, daß sie geistig dem vermeintlich weiten Horizont des Sozialismus nicht gewachsen war und wohl überhaupt in diesen Dingen nicht mitreden konnte. Und das alles auch noch im Beisein ihres Schwagers, vor dem sie sich schon gar nicht zurechtweisen lassen wollte. Schließlich war sie weit in der Welt herumgekommen.

Anna versuchte, von der aufgekommenen Spannung abzulenken, schenkte allen Sekt nach, erhob erneut das Glas, um auf das Wiedersehen und den Fall der Mauer zu trinken, und sagte nur glücklich: Ach Kinder, daß wir das noch erleben dürfen!

Auch Kogler erhob das Glas und trank auf die Vorfreude, denn nun war für seine Begriffe die Einheit nicht mehr aufzuhalten.

Es kursieren schon Gerüchte über einen Währungsumtausch, meinte Katharina, und überall gibt es schon Panikkäufe.

Eine Währungsunion wäre natürlich das Beste, sagte Edy, denn wenn ihr erst einmal die Westmark habt, dann ändert sich ohnehin alles. Dann könnt ihr euch wirklich freuen und seid keine Menschen zweiter Klasse mehr.

Katharina wechselte mit Hellberg und Anna einen Blick, und sie alle schauten zu Kogler, der gleichfalls fühlte, daß dieser Satz nicht unwidersprochen hingenommen werden durfte.

Na hör mal du, was heißt hier Menschen zweiter Klasse, sagte er ungehalten, aber daß du bei Nacht und Nebel damals auf und davon gegangen bist und genau wußtest, in welche Schwierigkeiten du uns damit hättest bringen können – das war wohl in Ordnung, oder wie soll ich das verstehen?

Doch nicht heute, warf Anna ein.

Edda hatte natürlich geahnt, daß diese Auseinandersetzung kommen mußte, aber sie wollte sich keine Vorhaltungen machen lassen, geschweige denn sich rechtfertigen, sondern sagte nur: Im Gegensatz zu dir habe ich schon damals erkannt, daß dieser Staat nichts taugt, und du könntest stolz sein, daß wenigstens einer aus der Familie beizeiten die Konsequenzen gezogen und sich für die richtige Seite entschieden hat.

Du tust ja gerade so, als ob du dich für uns hättest aufopfern müssen, entgegnete Kogler. Dich hat damals keiner gedrängt und keiner verfolgt, im Gegenteil: Dir standen alle Türen offen, und du hättest auch hier gute künstlerische Chancen gehabt.

Edda lachte auf. Chancen? Na, ich danke! Wer hatte denn hier schon Chancen? Doch nicht mal du! Wärst du damals gleich in den Westen gegangen, müßtest du heute nicht in dieser Armutei sitzen.

Wieso Armutei? wehrte Kogler ab, ich habe alles, was ich brauche, und das genügt mir.

Edy fand, so konnte nur jemand reden, der nichts von der Welt gesehen hatte und nicht wußte, wie anderswo die Professoren lebten.

Wenn du dir wenigstens ein Grundstück oder ein Haus gekauft hättest – Dinge, die ja im Osten preiswert zu haben waren und die man im Westen nicht mehr bezahlen kann. Aber nichts, gar nichts hat dir der Sozialismus gebracht.

Katharina gab zwar der Schwester recht, daß sie alle zu keinem Wohlstand gekommen waren, aber meinte dennoch: Das bessere System und die bessere Mark machen noch nicht den besseren Menschen aus.

Doch mehr wollte sie dazu nicht sagen, sondern bog die Auseinandersetzung ab, denn dafür war jetzt nicht die Stunde. Jetzt wollten sie sich erst einmal freuen.

13 Abschnitte des Textes

Lesen Sie den Text noch einmal; gliedern Sie ihn in Abschnitte.

Zeile _____ ff   Der Anruf

Zeile _____ ff   Vorbereitungen zu Hause

Zeile _____ ff   Die Fahrt durch Berlin und das Wiedersehen

Zeile _____ ff   Champagner!

Zeile _____ ff   Edy erzählt

Zeile _____ ff   Wie Anna und Franz die Tochter sehen

Zeile _____ ff   Die Diskussion zwischen Edy und ihrem Vater

14 Wörter in Kontexten

Versuchen Sie, die Bedeutung folgender Wörter – soweit wie möglich –
aus den Wortbestandteilen (z.B. die Vorsilbe „un-" = „nicht" / Vernei-
nung) und aus dem Kontext (d.h. Textzusammenhang) zu erraten.

a)   Z. 217 geduldet   _____

b)   Z. 230 unbeirrt _____

c)   Z. 238 gut gefahren _____

d)   Z. 255 kurz angebunden   _____

e)   Z. 263 sich zurechtweisen lassen _____

f)   Z. 277 kursieren _____

g)   Z. 290 hingenommen (hinnehmen) _____

h)   Z. 293 ungehalten _____

i)   Z. 303 Vorhaltungen _____

j)   Z. 337 gebracht _____

k)   Z. 342f. aus/machen _____

15 Ein Streitgespräch

Verfolgen Sie die Diskussion zwischen Edy und ihrem Vater etwas genauer. Welche Ansichten werden geäußert, welche Vorwürfe werden erhoben, wie wird darauf reagiert? Unterstreichen Sie dazu mit verschiedenen Farben die Äußerungen des Vaters bzw. Edys.

16 Textzusammenfassung

Schreiben Sie eine Textzusammenfassung, indem Sie die folgenden Sätze ergänzen.

Edy Kogler, Tochter eines Ostberliner Professors, hat vor ein paar Jahren die DDR …
Drei Tage nach dem Fall der Mauer …
Wie viele andere Menschen hat Edy die Gelegenheit genutzt, nach der unerwarteten Öffnung der Grenzen besuchsweise zurückzukehren. Auf der Fahrt durch die Stadt …
Die versammelte Familie, zu der neben Vater und Mutter auch die Schwester und ihr Mann gehören, arrangiert eine kleine Familienfeier. Dabei wird deutlich, …
Ganz erhebliche Meinungsunterschiede kommen zu Tage. …
Man einigt sich schließlich darauf, …

Lösungen und Hinweise
zu den Aufgaben

1 Nach Paris?

1 Variante A: Amsterdam (Budapest ist nicht möglich, da die Zugverbindung nur Weihnachten und Ostern gilt); Variante B: Bratislava; Variante C: Paris, Meran, Wien.

2 selektives Lesen, typisch für das Suchen eines Stichwortes in einem Lexikon oder Wörterbuch, einer Information in einem Fahrplan oder für das Lesen in einem Inhaltsverzeichnis bzw. Stichwortregister u.a.

5 Durch die Rechtschreibreform, die die Rechtschreibung für alle deutschsprachigen Länder neu ordnet, werden in Briefen alle Formen der 2. Person Singular und Plural auch in der Anrede klein geschrieben: du, dir, dich, ... dein-, ihr, euch, ... euer/eu(e)r-. Die höfliche Anrede (Sie, Ihnen ...) ist davon nicht betroffen.

7 Folgende Kombinationen (Lösungen) sind sprechüblich: 1 a + b, 1 b, 2 e, 3 f, 4 d, 5 c, 7 (j), 8 i, 9 g, 10 h, 11 o, 12 l, 13 n, 14 k, 15 m, 16 p, 17 r, 18 s, 19 q, 20 v, 21 w, 22 t, 23 u.

11 „Totales Lesen" ist z.B. erforderlich, wenn man einen literarischen Text genau verstehen will, wenn man etwas juristisch klären will (Gesetzestexte), wenn man etwas in eine andere Sprache übersetzen will o.ä.

12 1 R, 2 F, 3 R, 4 R, 5 F, 6 R, 7 F, 8 F

13 (1) Kosten, (2) vornimmt, (3) Bedingungen, (4) einhalten, (5) Buchung, (6) Preis, (7) erstattet

15 das Reiseabenteuer, die Reiseabenteuer <=> s Reiseabenteuer, -; in dieser verkürzten Form werden auch die übrigen Nomen angegeben: s Reiseandenken, -; e Reiseapotheke, -n; e Reisebekanntschaft, -en; r Reisebericht, -e; s Reisebüro, -s; s Reiseerlebnis, -se; s Reisefieber; r Reiseführer, -; e Reisegruppe, -n; r Reiseleiter, -; e Reiselust; r Reiseproviant; e Reiseroute, -n; r Reiseveranstalter, -; e Reisevorbereitung, -en; e Reisewelle, -n; r Reisewetterbericht, -e; s Reiseziel, -e; e Forschungsreise, -n; usw.

16 1 F, 2 R, 3 F, 4 F, 5 F, 6 R, 7 F, 8 F, 9 R, 10 F (Die Aussage 10 ist falsch, weil insgesamt mehr als 50 % ins Ausland bzw. nach Westdeutschland wollten, obwohl es stimmt, dass im Vergleich mehr Ostdeutsche in Ostdeutschland als Westdeutsche in Westdeutschland bleiben wollten.
Die Statistik basiert auf den Erkenntnissen des Jahres 1991. Es gibt natürlich neuere Statistiken mit aktuelleren Ergebnissen, doch ist dies die letzte Statistik, die die Unterscheidung zwischen Westdeutschen und Ostdeutschen mit aufgenommen hat.

18 „Kursorisches Lesen" wird von uns z.B. praktiziert, wenn Sie einen Artikel, der über eine ganze Zeitungsseite geht, so lesen, dass Sie anschließend zwar auf W-Fragen (wer? wo? wann? was? warum?) antworten, aber nicht unbedingt Einzelheiten nennen können.

19 a) das auf dem Verkehrsschild abgebildete Tier b) die Elche c) mit den Elchen d) eine Gruppe von (in diesem Fall) Elchen e) nicht ganz wahre oder erfundene, oft humorvolle Erzählungen über Erlebnisse auf einer Jagd

24 Der Dreierschritt *Planen / Formulieren / Überarbeiten* geht auf Überlegungen von Dieter Wolff zurück.

2 Lesende

2 b; Wenn Sie sich auf die vorgegebenen Fragestellungen konzentriert haben, dann haben Sie selektiv gelesen.

3 a) vorlesen; b) überlesen; c) ablesen; d) angelesen, durchzulesen; e) nachlesen, „nachlesen" können Sie übrigens z. B. in einem Fremdwörterbuch: Dort finden Sie zu Entropie folgenden Eintrag: „Entropie [...] die, -, ...ien: 1. physikalische Größe, die die Verlaufsrichtung eines Wärmeprozesses kennzeichnet. 2. Größe des Nachrichtengehalts einer nach statistischen Gesetzen gesteuerten Nachrichtenquelle; mittlerer Informationsgehalt der Zeichen eines bestimmten Zeichenvorrats (Informationstheorie). 3. Maß für den Grad der Ungewissheit über den Ausgang eines Versuchs. (Daraus ist ersichtlich, dass einem das auch nicht immer hilft, es sei denn, man ist ein Fachmann.); f) gegenlesen

4 Einband, Titelblatt und Titel, Impressum, Inhaltsverzeichnis, Vorwort, Einleitung, Kapitel, Abbildung, Fußnote, Literaturverzeichnis, Klappentext

10 Ihr Text könnte so aussehen:
Über Texte sprechen
Texte lassen sich in folgende Bestandteile gliedern:
– Überschrift oder Titel
– Untertitel
– Zwischenüberschriften
– Absätze
– Quellenangaben (wenn der Text einer anderen Publikation entnommen ist)
Der Name des Verfassers oder Autors eines Textes kann an unterschiedlichen Stellen des Textes stehen: vor dem Titel, unter dem Titel oder unter dem Text.
Innerhalb des Textes begegnet man einer Reihe von Satzzeichen, z.B. den Anführungszeichen (auch „Gänsefüßchen" genannt), dem Punkt, dem Komma, dem Fragezeichen und dem Ausrufezeichen, dem Semikolon und dem Doppelpunkt, dem Bindestrich und dem Gedankenstrich. Jedes von diesen Satzzeichen hat die Aufgabe, den Text zu gliedern und damit für den Leser übersichtlicher zu machen. Dieselbe Aufgabe haben die verschiedenen Schriftarten, der Fettdruck z.B. oder der Kursivdruck.
Wörter schließlich setzen sich aus Silben zusammen und jede Silbe hat zwei, drei oder mehr Buchstaben. Wichtig sind in diesem Zusammenhang vor allem die Präfixe (Vorsilben) und die Suffixe, weil man die Bedeutung eines Wortes teilweise aus ihnen ableiten kann. Das ist nicht unwichtig!
Die Wörter gehören zu folgenden Wortarten: Artikel, Nomen, Verb, Adjektiv bzw. Adverb, Präposition, Konjunktion. Kennen Sie noch andere Wortarten?
Wenn man über Texte sprechen will, wird man gelegentlich etwas aus dem Text zitieren wollen. Wer ein Zitat anführt, muss auch sagen können, an welcher Textstelle man dieses Zitat finden kann. Dazu nennt man am besten die Zeile oder die Zeilen.

12 Hier einige der wichtigsten Regeln: Anführungszeichen („Gänsefüßchen") stehen am Beginn und Ende von direkter Rede, z.B. bei Dialogen. Sie stehen in einem Text, wenn Sätze oder einzelne Wörter aus anderen Texten, oder Buch- bzw. Filmtitel zitiert werden.

Ein Doppelpunkt: vor direkter Rede, vor anderen Sätzen oder Satzteilen (wenn man besonders auf diesen Satz oder Satzteil hinweisen will, vgl. den Text *Leselust*) und vor Aufzählungen.

Ein Semikolon: wenn das Komma zuwenig, der Punkt aber zuviel wäre.

Ein Gedankenstrich wird besonders häufig benutzt, wenn man etwas in Stichwörtern notiert. Mit ihm kann man gleichartige Dinge aufzählen, ohne sie zu nummerieren.

Großgeschrieben werden u.a. alle Substantive, alle Namen, die höfliche Anrede „Sie" bzw. „Ihr-", das erste Wort nach einem Doppelpunkt (wenn ein ganzer Satz folgt) und natürlich stets das erste Wort eines Satzes.

13 Die Abkürzungen bedeuten:

bzw. = beziehungsweise

etc. = etcetera

Fa. = Firma (in einer Briefadresse)

ggf. = gegebenenfalls

i.d.R. = in der Regel

PF, Pf. = Postfach

PLZ = Postleitzahl

m.E. = meines Erachtens (soviel wie: meiner Meinung nach)

s.o. = siehe oben

s.u. = siehe unten

u.A.w.g., U.A.w.g. = um Antwort wird gebeten (auf einer Einladungskarte)

u.a. = unter anderem

u.a.m. = und anderes mehr

usw. = und so weiter

u.v.a. = und viele(s) andere

v.a. = vor allem

wg. = wegen

z.B. = zum Beispiel

z.Hd. = zu Händen (in einer Briefadresse), gebräuchlich sind auch die Abkürzungen: z. H. und z. Hdn.

z.T. = zum Teil

3 Heimat, das ist, wenn

9 Zuwanderer: soziologische, neutrale Bezeichnung für jemanden, der vorher nicht im betreffenden Land gelebt und gearbeitet hat; Gastarbeiter: Bezeichnung für ausländische Arbeitnehmer in Deutschland, die seit den sechziger Jahren vor allem aus Südeuropa gekommen sind; Asylant: wer nach Art.16 des Grundgesetzes politisches Asyl in Deutschland beantragt; Ausgebürgerter: wem die Staatsbürgerschaft seines Heimatlandes aberkannt worden ist; Vertriebener: wer – vor allem nach Ende des Zweiten Weltkriegs – durch Gewaltanwendung gezwungen wurde, seine Heimat zu verlassen; Aussiedler: Angehöriger einer deutschen Minderheit in Mittel- oder Osteuropa, der nach Deutschland ausgewandert ist; Arbeitsmigrant: wer auf der Suche nach einem Arbeitsplatz ins Ausland geht.

12 Heimatfilm: im Deutschland der fünfziger Jahre ein sentimentaler Film aus den Alpen, mit Förstern, Wilddieben, Liebesgeschichten und anderem mehr

Heimatroman: dasselbe als Roman

Heimatkitsch: billige volkstümliche Souvenirs ohne künstlerischen Wert

Heimatmuseum: ein Museum über die lokale Geschichte, wie man es in vielen kleineren Städten findet

Heimatort: neutrale Bezeichnung für den Ort, an dem man wohnt

geistige Heimat: zum Beispiel ist die geistige Heimat eines romantischen Schriftstellers die Romantik; die geistige Heimat ist also der kulturelle Rahmen, Hintergrund, in dem man sich in seinen Vorstellungen etc. bewegt

Wahlheimat: ein Ort, den man sich ausgesucht hat, um dort zu leben

zweite Heimat: ist die Wahlheimat einer Person; der Ort, an dem eine Person schon so lange wohnt, dass er ihr zur Heimat geworden ist

13 1 C; 2 A; 3 B; 4 B; 5 D; 6 B; 7 C; 8 A; 9 A; 10 D; 11 A; 12 B

14 Der Originaltext lautet:

Innen und außen

Innen ist innen und außen ist außen. Das war schon immer so, und deshalb gibt es innen ein Inland und außen ein Ausland und dazwischen eine Grenze. Vom Inland aus betrachtet ist es aber unverständlich, dass im Ausland so viele Ausländer meinen, sie müssten raus aus dem Ausland und rein zu uns Inländern ins Inland kommen, wo doch unser Inland ihr Ausland ist und wir Inländer ja auch nicht einfach aus dem Inland hinaus ins Ausland reisen und dort tun, als wäre das gar nicht mehr unser Ausland, als wären wir in ihrem Inland auch Inländer in ihrem eigenen Inland und nicht einfach Ausländer ohne Inland im Ausland. Darum sollen diese Ausländer aus dem Ausland bei uns Inländern im Inland jetzt auch nicht so tun, als wäre ihr Ausland nicht mehr unser Inland, sondern unser Ausland und ihr Inland, sonst gehen wir Inländer dann plötzlich auch als Ausländer in ihr Inland und tun, als wäre es nicht mehr unser Ausland, sondern als wären wir alle Inländer im Inland und sie in unserem Ausland auf einmal nichts weiter in ihrem Inland als Ausländer im Ausland und nicht Inländer im Inland voller Ausländer wie wir Inländer in unserem Inland.

15 Notieren Sie sich das Alphabet (ohne Umlaute). Schreiben Sie dann den 23., 5., 9., 19. (2x) und den 14., 9., 3., 8., 20. Buchstaben des Alphabets auf, dann ergeben sich die zwei deutschen Wörter.

Machen Sie dasselbe mit dem 23., 15., 14., 4., 5. und 18. Buchstaben des Alphabets, dann haben Sie das Wort aus dem englischen Original.

4 Wenn man hier keine Zeitung hält

2 (1) = Dörfer, (2) = Sterne, (3) = Wiesen, (4) = Wolken, (5) = Welt, (6) = Gesicht, (7) = Felder

Die Änderungen im Gedicht im Vergleich zu früheren Veröffentlichungen entsprechen dem ausdrücklichen Wunsch der Dichterin.

5 Redemittel: Das Meinungspingpong

a) Mögliche Kombinationen beim „Meinungspingpong" sind:

Meiner Meinung nach ...

Ich bin (nicht) der Meinung, dass ...

Ich bin (nicht) der Auffassung, dass ...

Ich bin (nicht) ganz dieser Meinung.

Ich bin (ganz) anderer Meinung.

Das sehe ich auch so / ganz anders.

Das halte ich für richtig / für falsch.

Das stimmt sicherlich / überhaupt nicht.

Ich teile diese Auffassung (nicht).

Ich stimme da zu / da nicht zu / dem nur teilweise zu.

Das überzeugt mich / mich nicht / mich nicht ganz.

Das trifft zu / nicht zu / nur teilweise zu.

Das finde ich auch / nicht / fraglich.

Das lehne ich ab.

Das scheint mir fraglich.

Das kommt darauf an, wer /w- / ob ...

8 s. Aufgabe 5

10 a) Tageszeitung

b) Zeitschriftenrundschau / Aus der Fachliteratur / Aus der Wissenschaft o.ä.

c) Weil er den Inhalt eines anderen Artikels wiedergibt.

d) „Forschungsüberblick"

11 1 C; 4 B; 3 A

12 Beispiele: die Infrastruktur auf dem Land: die Straßen, die Schulen, die Freizeiteinrichtungen; eine dörfliche Tradition: das Erntedankfest, die Vereine; ein kulturelles Projekt: ein Konzert, eine Filmwoche; ein traditioneller Verein: der Schützenverein; die städtische Alternativkultur: Kulturzentren, Kneipen; Entfaltungsmöglichkeiten: Ausbildungseinrichtungen, berufliche Möglichkeiten; Abwanderungsdruck: wenn es keine Arbeitsplätze gibt und die Dorfbewohner in die Stadt umziehen

15 b) Die Jugendlichen stehen heute vor einer neuen persönlichen Entwicklungsaufgabe. c) Die Jugendlichen schätzen Vertrautheit und Zusammenhalt. d) Sie versuchen, Projekte aufzuziehen. e) Sie wollen sich von der städtischen Alternativkultur abheben. f) Der Abwanderungsdruck hängt von der ökonomischen Situation ab.

16 1. ... klassische Musikfestivals aufzuziehen. 2. ... hängt natürlich von der Bereitschaft aller Beteiligten ab. 3. ... wollen sich natürlich deutlich von städtischen Veranstaltungen abheben. 4. ... dass gerade Besucher aus den Großstädten solche Festivals auf dem Land sehr schätzen. 5. ... galt lange Zeit als die bedeutendste Veranstaltung dieser Art.

17 Ein „Bauer" lebt auf einem „Hof", während der Begriff „Landwirt" (ein Agrarfachmann mit entsprechender Ausbildung) eher zu „landwirtschaftlicher Betrieb" passen könnte.

19 Die Fehler sind: 1. Empfängeradresse: die Postleitzahl muss links neben dem Ort stehen 2. das Datum ist nicht rechtsbündig 3. „Betreffend" ist in diesem Zusammenhang ungebräuchlich 4. Anrede: es fehlt „Damen und" sowie ein Komma statt der drei Ausrufezeichen, die Fortsetzung „wir" dann entsprechend kleingeschrieben 5. „ihre" muss mit einem Großbuchstaben beginnen 6. die Schlussformel muss linksbündig sein 7. ein „n" fehlt bei „freundlichen"

5 Eine richtige Großstadt

10 Noch ein Hinweis: Nummerieren Sie die Zeilen immer in 5er Schritten. 1. ja 13–15, 2. nein, 3. ja 27–28, 4. ja 29–32, 5. ja 51–55, 6. nein, 7. ja 72–74, 8. ja 82–89, 9. nein, 10. ja 132–134, 11. ja 168–170, 12. nein

11 Die Verben „an/ziehen" und „weiter/bringen" sind trennbar, zu erkennen daran, dass die Vorsilbe betont wird; beide Wörter werden im Text im übertragenen Sinn gebraucht.

12 mitkriegen – eine Information bekommen; jobben – zeitweise arbeiten (einen Job haben); das kotzt mich an – vulgär für: das gefällt mir überhaupt nicht; Typen – Menschen; Tratsch – Gerede, das auf unsicheren Informationen basiert (z. B. Nachbarn über Nachbarn); Clique – Gruppe, z. B. von Jugendlichen (sprich „Klicke"); das Nonplusultra – das absolut Beste von allem; trendmäßig – hier: modisch, Modetrends gehorchend; was angesagt ist – hier: was andere sagen, was gerade modisch ist; anglotzen – anstarren, negativ für: mit großen Augen etwas ansehen; aufgeschmissen sein – nichts machen können („Ich hatte Hunger und wollte einen Hamburger kaufen, da stellte ich fest, dass ich kein Geld dabei hatte. Da war ich erstmal aufgeschmissen."); passabel – nicht gut, nicht schlecht, in der Mitte davon; man geht drauf – eigentlich: man muss sterben

13 Landschaft: Stadtautobahn, Stadtbahn, Stadtbezirk, Stadtgebiet, Stadtgrenze, Stadtkern, Stadtmitte, Stadtpark, Stadtrand, Stadtstaat, Stadtteil, Stadtviertel, Stadtzentrum
Gebäude: Stadtarchiv, Stadtbibliothek, Stadtbücherei, Stadttheater, Stadtwerke
Menschen: Stadtbevölkerung, Stadtbewohner, Stadtführer, Stadtmensch, Stadtrat, Stadträtin, Stadtväter
Anderes: alle übrigen Begriffe

6 Meine Frau, die bleibt zu Hause

1 (1) Familienstand (2) verheiratet (3) Ehe (4) getraut (5) Eheschließung (6) Trauung (7) Braut (8) Bräutigam (9) geheiratet (10) Hochzeit (11) Polterabend (12) Ehepaar (13) Verlobung (14) verlobt (15) heiraten (16) Single (17) Junggeselle (18) Ehepartner, (19) Scheidung (20) geschieden (21) unverheiratet / ledig

3 (1) A (2) D (3) A (4) B (5) A (6) C (7) A (8) B (9) C (10) A (11) D (12) A (13) C

8 e Gleichberechtigung, e Abhängigkeit, -en, e Unterdrückung, e Selbstverwirklichung, e Doppelbelastung, -en, e Überforderung, e Ungleichbehandlung, e Diskriminierung, -en

12 Die gestrichelte Linie zeigt an, was Sie machen: In der Einleitung beschreiben Sie das Problem. Danach zählen Sie die Argumente dafür und dagegen auf. Anschließend wiegen Sie die Argumente gegeneinander ab und schreiben die Schlussbemerkung (mit ihrer eigenen Position oder einer allgemeinen Empfehlung).
Die durchgezogenen Linien zeigen, wie sich der Inhalt ihrer Erörterung aufbaut: Von der Einleitung sind die Argumente dafür und dagegen abhängig, die in Opposition zueinander stehen, diese wiederum bedingen den Konsens in der Schlussbemerkung.

15 1 – D; 2 – A; 3 – C; 4 – B; 5 – E

18 den Haushalt versorgen; einen Konflikt austragen; einen Wunsch realisieren; Teilzeit arbeiten; über ein gutes Einkommen verfügen; sich an der Erziehung beteiligen; den Umgang mit Kollegen vermissen; Barrieren überwinden; eine Karriere bleibt stecken; ganztags arbeiten; die Arbeitszeit reduzieren

19 a) m = typisch männlich, w = typisch weiblich: 1 m; 2 w; 3 m; 4 w; 5 w; 6 m; 7 w; 8 m; 9 w. Informationen aus: D. Crystal: Die Cambridge Enzyklopädie der Sprache, Frankfurt/New York 1993, S. 21.
Die übrigen Aussagen haben wir im Verlag gesammelt. Sie spiegeln nicht unsere Meinung wider, könnten aber zu einer Diskussion anregen oder?

20 Kolleginnen und Kollegen; KollegInnen; Kolleg(inn)en; Kollegen; ...

7 Das Jahrhundert der Umwelt

2 Es sind natürlich unterschiedliche Lösungen möglich, je nachdem, aus welchem Blickwinkel wir die Dinge betrachten: Hausmüll zum Beispiel ist natürlich eine Ursache für Umweltbelastungen, für die Verschmutzung des Bodens usw., andererseits ist Hausmüll natürlich nur eine Folge (Wirkung) unserer Lebensweise: Anspruch an eine Verpackung usw.

5 1. die Erwärmung der Erde / Treibhauseffekt / ...
2. die Zerstörung der Regenwälder / Abholzung der Regenwälder / ...
3. die Ausdünnung und Zerstörung der Ozonschicht
4. die Verschmutzung und Überfischung der Meere / die Verschmutzung der Meere und die Zerstörung ihrer Regenerierungsfähigkeit
5. die Erosion des Bodens / Zerstörung von landwirtschaftlichen Flächen durch falsche Bewirtschaftung und Abholzung
6. die Vergiftung der Luft / Luftverschmutzung
7. der Verlust der Arten / Artensterben / ...

6 a) Der Treibhauseffekt wird das Klima verändern. b) Der Treibhauseffekt hat noch unabsehbare Folgen für die Vegetation und Landwirtschaft. c) Die Zerstörung der Regenwälder beeinflusst das weltweite Klima, den Artenreichtum und die Genreserven der Erde. d) Das Übermaß schädlicher UV-Strahlung wird immer weitere Kreise ziehen. e) Die Menschheit als Ganzes ist betroffen von der Verschmutzung der Meere. f) Unangepasste Bewirtschaftung oder Abholzung führen zu Versteppung, Versalzung und Verwüstung. g) Menschen leiden unter der Schadstoffbelastung. h) Der Verlust der Arten ist eine Gefahr für die Zukunft der Menschheit.

7 Umweltkriminalität beinhaltet alle Handlungen, die der Natur schaden, gesetzlich verboten und daher strafbar sind. Darunter fällt zum Beispiel die unsachgemäße Lagerung gefährlicher Stoffe, das Ablassen giftiger Stoffe in Gewässer usw.
Ein Umweltschwein ist jemand, der keine Rücksicht auf die Umwelt nimmt, einige bezeichnen schon jemanden als Umweltschwein, der mit dem Auto zum Einkaufen fährt, aber jemand, der ein Bonbonpapier auf den Bürgersteig wirft, ist ganz sicher ein Umweltschwein, der eine Zigarettenkippe auf der Straße austritt, vielleicht, und wer seinen Aschenbecher auf einem Parkplatz ausleert, der muss (wenn er erwischt wird) ein Bußgeld zahlen, ist aber noch kein Krimineller. Ein Ökoschwein dagegen ist ein „glückliches" Schwein, das nämlich artengerecht gehalten und ernährt wird, das sein Wachstum nicht irgendwelchen Hormonzufuhren verdankt und auch anderweitig in seiner Entwicklung nicht manipuliert wird.
Ein Umweltbus aber ist kein Bus, der die Umwelt verdreckt, aber auch kein Bus, der viele Menschen transportiert und mit Rußfilter versehen ist, wenig Energie verbraucht etc., das ist nämlich ein „umweltfreundlicher Bus".
Ein „Umweltbus" ist ein Bus, der die Schulen besucht und im Bus den

Schulkindern Umweltbewusstsein vermittelt. Im Umweltbus werden aber auch Lehrerseminare abgehalten, in denen Lehrer mehr darüber erfahren, wie man Umwelterziehung spannend und erlebnisreich gestalten kann. Viele zusammengesetzte Wörter lassen sich also aus den Einzelwörtern ableiten, viele, vor allem neuere Wortschöpfungen werden aber nur durch die aktuelle Situation verständlich. Da ist es also am besten, Sie fragen Ihren Gesprächspartner, wenn möglich, oder versuchen, dem Wort in den Medien auf der Spur zu bleiben.

8 a) beeinflussen
  b) beeinträchtigen
  c) belasten
  d) schaden
  e) zerstören

9 Emnid = Name eines demoskopischen Instituts

10 Die Originalüberschrift lautete *Deutsche setzen auf Technik.*

11 a) ja: „Drei Viertel aller Deutschen … Mit 77 Prozent liegen dabei die Ostdeutschen sogar um einen Prozentpunkt vor den Westdeutschen." b) ja: „Während der Vorrang der Gesundheits-, Umwelt-, Energie- und Klimaforschung nicht überraschte …" c) ja: „… landeten die Biowissenschaften und die Weltraumforschung auf den hinteren Plätzen …" d) ja: „… der insbesondere auch für die Pharmaentwicklung wichtigen Biowissenschaften …" e) ja: „ … ‚negativ besetzten' Gentechnik …" f) ja: „… dass die meisten jüngeren Leute bis 29 Jahre (76 Prozent) dem technisch-wissenschaftlichen Wandel positiver gegenüberstehen als die ältere Generation (64 Prozent)."

12 a) – auf den wissenschaftlich-technischen Fortschritt setzen
    – glauben, dass sich der technische Wandel zum Nachteil auswirkt
    – dem Fortschritt skeptisch gegenüberstehen
    – in den Fortschritt vertrauen
    – die positiven Seiten des technischen Fortschritts sehen
  b) – auf Kritik setzen
    – glauben, dass sich der technische Wandel zum Vorteil auswirkt
    – dem Fortschritt kritisch gegenüberstehen
    – nicht bedingungslos in die Technik vertrauen
    – die negativen Seiten der Technik sehen

14 Text eines authentischen Greenpeace-Flugblattes

18 Das Photo zeigt die Biologin Angelika Hofer mit einer ihrer Streifengänse. Die Verhaltensforscherin zog 1986 einen Sommer lang sechs Gänse auf und veröffentlichte ihre Beobachtungen in ihrem „Tagebuch einer Gänsemutter" (1987).

8 Zusammen leben

1 …schaft, -en bezeichnet in Verbindung mit den entsprechenden Substantiven eine Gruppe von Personen: der Student – die Studentenschaft, der Lehrer – die Lehrerschaft usw.
  e Band, -s (engl. Aussprache) bezeichnet eine Gruppe von Musikern, die Unterhaltungsmusik machen. Nicht zu verwechseln mit s Band, ¨er, dieses Band bindet man sich ins Haar oder um ein Geschenk, r Band, ¨e, bezeichnet ein Buch bzw. Bücher: Leselandschaft, Band 1

2 Das Photo zeigt eine Abschlussklasse eines Moskauer Gymnasiums (1992).

4   Bericht: was jemand über jemanden oder etwas erzählt oder schreibt: zum Beispiel ein Unfallbericht.

Essay: ein eher kurzer Text zu einem allgemein interessanten Thema aus der Sicht des Schreibenden, enthält fundiertes Wissen, ist aber nicht streng wissenschaftlich.

Nachricht: eine kurze schriftliche oder mündliche Mitteilung / Information über etwas, das passiert und von allgemeinem Interesse ist, ohne persönlichen Kommentar.

Reportage: ein ausführlicher Bericht zu einem aktuellen Thema in den Medien (Zeitung, Zeitschrift, Radio, Fernsehen); Reportagen werden meist von kompetenten Personen zusammengestellt und sind, je nach Art, mit Ton, Fotos, Originalmitschnitten, Fachinformationen etc. unterlegt.

5   Lösung vgl. Aufgabe 7. Salem: eine Internatsschule in Süddeutschland; Amnesty International: eine Menschenrechtsorganisation; Brecon Beacons: eine Landschaft in Wales

6   „Schule für das Leben" wäre ein passender Untertitel. Die anderen Vorschläge sind nicht unbedingt falsch, treffen aber nicht den wesentlichen Textinhalt.

11 a) „drauf haben": etwas gut können. Mathematik musst du gut drauf haben. ⟺ Mathematik musst du gut können.

b) „Arbeit reinstecken": Arbeit investieren; sich viel Arbeit / Mühe machen; viel Zeit dafür aufbringen.

c) „wo es langgeht": (wörtlich: welcher Weg der richtige ist), wie man sich zu verhalten hat, welcher „Linie" man zu folgen hat. Ich erkläre dir jetzt mal, wo es langgeht. ⟺ (Ich erkläre dir jetzt den Weg.) Jetzt erkläre ich dir mal, wie du dich zu verhalten hast.

d) „labern": dummes, unqualifiziertes Zeug reden. Labern gilt nicht. ⟺ Statt dummes Zeug zu reden, muss man arbeiten / muss man qualifiziert argumentieren.

13 Klärung – Begründungen – Vorstellungen – herausgreift – anhand – erläutert – plaziertes – erklären – verdeutlichen – konkret – anführt – abstrakt – herausgegriffene – klargemacht – belegt – veranschaulicht – Einzelheiten

14 rücksichtsvoll – fleißig – ? (kein direktes Adjektiv) – tolerant – solidarisch – zurückhaltend – hilfsbereit – opferbereit – leistungsbereit – tapfer – tüchtig – gerecht – ehrlich – konfliktfähig – höflich – sparsam – sauber – bescheiden – offen – gewaltfrei – frei

Wertewandel: Fleiß zum Beispiel ist bei Schülern auch heute noch eine positive Beurteilung – dennoch, sie steht nicht mehr so im Mittelpunkt: Kombinationsgabe, Kreativität, Problemerkennung und -lösung, Gemeinschaftssinn und Problembewusstsein u.a. stehen je nach Schultyp jetzt im Vordergrund.

So galt auch für Frauen Fleiß als Tugend, als Voraussetzung für eine gute Ehe – heute würden emanzipierte Frauen von sich kaum behaupten, fleißig zu sein, auch wenn sie sich „totarbeiten".

15 In der Umfrage unter den Deutschen wurden die Antworten in dieser Reihenfolge – die häufigste zuerst – gegeben: 2, 14, 13, 12, 15, 16, 11, 3, 17, 4, 1, 10, 9, 18, 19, 5, 6, 20, 21, 7, 8. Vgl. natur 2/1993.

9 Mein Tag

4 Mein Tag: Herr Horst

klaan Braunen (kleiner Brauner) / klan Schwoazzn (kleiner Schwarzer): Zubereitungsarten von Kaffee, einmal mit Milch, einmal ohne Milch; a Seidl: ein Bier; Gilet: eine Weste; der Schmäh: witzige Erzählweise

Mein Tag: Dagmar Szabados

wilde Deponie: Ort, an dem Müll ohne behördliche Genehmigung gelagert wird; Häppchen: (hier) kleines belegtes Brot; (Christ)Stollen: Weihnachtsgebäck, aus einem schweren Butterhefeteig, dem Rosinen, Orangeat, Zitronat, Mandeln usw. zugefügt werden können, hat die Form eines kleinen länglichen Brotes, eine deutsche Spezialität; Duales System: Firma für Verpackungsrecycling

Mein Tag: Rose Shoshana

D.P. (displaced persons) Camps: Flüchtlingslager; Brioche (franz.): Hefegebäck; die große Depression: Zeit der großen Wirtschaftskrise in Nordamerika 1930–33

7 Die Fragen könnten folgendermaßen heißen (der Beruf wäre damit ebenfalls klar): 1. Wann stehen Sie denn morgens auf?

2. Fahren Sie mit dem Auto oder mit öffentlichen Verkehrsmitteln zur Schule?

3. Was machen Sie zuerst, wenn Sie ins Lehrerzimmer kommen?

4. Stört es Sie, wenn jemand zu spät in den Unterricht kommt?

5. Wenn Sie einen Wunsch frei hätten, und Sie könnten etwas anschaffen, was Ihren Arbeitsplatz, das Klassenzimmer, verschönert, was würden Sie wählen?

6. Und was machen Sie in Ihrer Freizeit?

8 a) vermeiden b) vorbereiten c) anstellen d) sichten, durcharbeiten, sammeln e) sichten, durcharbeiten (z.B. Lexika) f) sichten, durcharbeiten, sammeln, notieren g) beginnen h) auflockern i) geben j) stellen k) verärgern l) stellen m) vermeiden n) bleiben o) stellen p) eingehen q) bleiben r) notieren, festhalten s) vertraut machen t) überarbeiten u) bestätigen lassen

9 Informationen u.a. nach: R. Richards, Der Alltag – ein Kunststück? Psychologie heute, 12/1992.

Die Lösung, die wir hier anbieten, kann selbstverständlich nur ein Vorschlag sein, es gibt auch andere Möglichkeiten.

… dass die Kunststücke des Alltags meistens unerkannt bleiben, obwohl man sie in vielen Lebensbereichen beobachten kann oder könnte. Aus dieser Erkenntnis heraus entstand wohl der Plan, Alltagskreativität, d.h. das schöpferische Handeln mit Bezug zu den Mitmenschen, wissenschaftlich zu untersuchen. Die folgenden drei Beispiele illustrieren, was gemeint ist: Typisch für Alltagskreativität war der Automechaniker, der, nachdem er sich bei seiner Berufsausübung jahrelang über die Unzulänglichkeit gekaufter Werkzeuge geärgert hatte, sein eigenes Werkzeug erfand. Oder der Büroleiter, der nicht mit ansehen konnte, dass so viel Zeit sinnlos vertan wurde, und daher die Arbeitsabläufe vereinfachte. Zu nennen wäre noch die berufstätige Mutter, die keinen Kindergartenplatz für ihr Kind fand, daraufhin kurzerhand kündigte und eine Kindertagesstätte gründete. Damit half Sie nicht nur sich selbst, sondern auch vielen anderen Müttern. Kreativität im Alltag ist wahrscheinlich für jeden Menschen eine Notwendigkeit, um sich an die sich stets verändernde Umwelt anzupassen. Darauf scheint ja auch der Zusammenhang zwischen Gesundheit und kreativem Handeln hinzuweisen, den Ärzte und Psychologen immer wieder betont hervorheben.

10 Reihenfolge der Aktennotizen:
Borg Text 2 an Hoffmann;
Hoffmann Text 1 an Meyer-Kano;
Meyer-Kano Text 4 an Pinzel;
Pinzel Text 3 an Meyer-Kano;
Meyer-Kano Text 7 an Hoffmann;
Hoffmann Text 5 an Borg;
Borg Text 6 an Hoffmann

11 Das Kommunikationsproblem besteht darin, dass jeder zu dem, was von ihm erwartet wird, noch etwas hinzufügt, d.h., um auf alle Fragen vorbereitet zu sein, entsteht aus der Information, ob etwas Besonderes vorläge, (2) ein detaillierter Geschäftsbericht der letzten fünf Jahre (4).

14 Nehmen wir an: Vor Ihnen liegt ein aus zwei Seiten bestehender Brief. Ein typischer Bürovorgang wäre, dass Sie den Brief zunächst mit einem Hefter (bei dem Sie zuvor die Heftklammern nachgefüllt haben) zusammenheften, ihn dann mit einem Locher lochen und ihn schließlich in einem Aktenordner ablegen.

15 Der Brief könnte z.B. so lauten:
Sehr geehrter Herr Müller,
vielen Dank für Ihre Nachricht vom 11.1.9x, die wir eben erhalten haben. In aller Eile möchten wir Ihnen heute mitteilen, dass wir bedauerlicherweise gezwungen sind, den für den 14.1. vereinbarten Termin abzusagen. Stattdessen schlagen wir vor, den Termin um zwei Wochen auf den 28.1. zu verschieben. Ließe sich das Ihrerseits einrichten? Bei einem unserer Projekte sind leider unvorhergesehene Schwierigkeiten aufgetreten, so dass wir nun bei unserer Reiseplanung vollständig umdisponieren müssen. Wir bitten um Ihr Verständnis für unsere kurzfristige Absage und hoffen, dass einer Terminverschiebung nichts im Wege steht.
Bitte richten Sie beste Grüße an Herrn Schneider aus.
Mit freundlichen Grüßen
Zu den Regeln für formelle Briefe s. Kapitel 4 Nr. 18.

10 Alles Geschichte

8 Die Pressekonferenz: Ost-Berlin / Schabowski / Mitteilung über Neuregelung von „Privatreisen nach dem Ausland";
Nach den Abendnachrichten: (in Berlin) / (nicht genannte Personen) / ein Massenansturm auf die Grenzübergangsstellen in Richtung West-Berlin;
Gegen 22.00 Uhr: an der Grenze / die Grenztruppen / geben den Weg frei;
In derselben Nacht: „.... erfasste die Bewegung auch die innerdeutsche Grenze", d.h., viele Menschen aus der DDR bewegten sich Richtung Grenze und konnten sie passieren.

9 a) sie = die Pressekonferenz; b) das = was neu geregelt werden sollte, nämlich dass „Privatreisen ... beantragt werden können"; c) Papier = die neue Reiseregelung; d) dort = an der Grenze; e) die = die West-Berliner; f) die Bewegung = (in diesem Sinne bedeutet Bewegung eine neue Handlungs- oder Denkweise, die sehr schnell von vielen Menschen ausgeführt bzw. vertreten wird) die Menschen, die sich in Richtung Grenze bewegten

10 stattfinden – Pressekonferenz; beantragen – Privatreisen; erteilen – Genehmigungen; in Kraft treten – die Neuregelung; erfolgen – Ausreisen; mitarbeiten – Instanzen der Partei- und Staatsbürokratie, Papier; freigeben – die Grenztruppen, den Weg; passieren – Westberliner, die Übergänge; um die Welt gehen – die Bilder

11 a) kurzfristig; b) unverzüglich c) ständig d) endgültig

12 a) New York – Berlin (West) Flughafen Tegel – Grenzkontrollpunkt – eine Wohnung in Ost-Berlin

b) Die Personen sind: Franz Kogler und seine Ehefrau Anna, die beiden Töchter Edda und Katharina und Katharinas Mann Hellberg.

Ausharren im Paradies:

Schrippen: Brötchen, Semmeln; Stand-by-Flug: Flugticket, das man erhalten hat durch Anstehen nach Plätzen, die kurz vor dem Abflug frei werden; Armutei: abwertende Bezeichnung für „Armut" (ungebräuchlich)

13 1 Der Anruf, Z. 1–25; 2 Vorbereitungen, Z. 26–49; 3 Die Fahrt, Z. 50–114; 4 Champagner, Z. 115–153; 5 Edy erzählt, Z 154–169; 6. Wie Anna und Franz ..., Z. 170–191; 7 Die Diskussion, Z. 129–235

14 a) toleriert; mit Geduld ertragen und nichts dagegen gemacht b) ohne sich beirren, stören zu lassen c) gut im Leben durchgekommen; keine Probleme im Leben dadurch gehabt d) ohne viel zu reden; ohne viele Worte e) sich kritisieren lassen f) gehen von einer Person zur anderen g) ertragen, dulden, tolerieren h) nicht erfreut, schlecht gelaunt i) Vorwürfe j) nichts ... gebracht, keinen Nutzen gebracht h) hier: bewirken, aus etwas entstehen

Textquellen

Seite

7   nach: Hella Leipner-Low: Nachts nach Paris, in: DIE ZEIT Nr. 52 vom 20.12.91, S. 6 (gekürzt)

18   Es gibt noch Geheimnisse auf dieser Wet, Dietmar Bittrich: Das Geheimnis des Schinkens, in: Rheinischer Merkur Nr. 26 vom 1.7.94

27   Dirk van Versendaal: Leselust, in: Magazin der Süddeutschen Zeitung vom 26.4.91

36   Julio Ramón Ribeyro: Mein Buch, Textauszug aus: Heimatlose Geschichten, Ammann Verlag & Co. Zürich 1991

38   Juliane Herlyn und Juliane Schulz-Gibbins: Heimat, in: ZEITmagazin vom 2.4.93

45   Das Amt des Hohen Flüchtlingskommissars, UNHCR Bonn

46   Beat Sterchi: innen und außen, in: Neue deutsche Literatur Nr. 10/1993, S. 70-71

47   The Pavillon of the Brown Crane, Michael Hamburger, GB-Saxmundham

49   Sarah Kirsch, Im Sommer, aus: Rückenwind, Gedichte, Langewiesche-Brandt, Ebenhausen bei München 1977

52   Idyllisch, in: Frankfurter Rundschau vom 27.8.94, dpa Hamburg

53   Auf dem Land halten Ehen länger, in: Iserlohner Kreisanzeiger vom 10.2.90, dpa Hamburg

56   Peter Poppe: Neue Landjugend, in: Frankfurter Allgemeine Zeitung vom 22.5.91

68   Angelika Rauw: Warten auf die große Stadt, in: JETZT Jugendmagazin der Süddeutschen Zeitung Nr. 23 vom 7.6.93

77   Peter Rabl: Die Ehe macht die Männer dick, in: Kurier vom 25.10.93

81   Viola Roggenkamp: Meine Frau, die bleibt zu Hause, in: DIE ZEIT Nr. 6 vom 5.2.93

82   Viola Roggenkamp: Karriere, Kinder und ein Mann, in: DIE ZEIT Nr. 49 vom 27.11.92

87   Peter Poppe: Wenn die Männer zu Hause bleiben, in: Frankfurter Allgemeine Zeitung vom 23.2.91

94   Die sieben ökologischen Gefahren für die Menschheit, Dritte Welt Haus Bielefeld

98   Drei Viertel aller Deutschen ..., aus: Mehrheit setzt auf Technik, in: Oldenburgische Volkszeitung vom 13.8.91, dpa Hamburg

101   Wie Greenpeace zu einem Auto kam, das es eigentlich gar nicht gibt, Greenpeace e.V., Hamburg

107   Christine Brinck: Kommen, geben und etwas mitnehmen, aus: Atlantic College, Schule am Kliff, in: DIE ZEIT Nr. 19 vom 4.5.90

120   Christian Ankowitsch: Mein Tag: Herr Horst, in DIE ZEIT Nr. 3 vom 14.1.94

121   Vera Gaserow: Mein Tag: Dagmar Szabados, in: DIE ZEIT Nr. 14 vom 1.4.94

123   Elisabeth Wehrmann: Mein Tag: Rose Shoshana, in: DIE ZEIT Nr. 35 vom 26.8.94

129   Günther Klein: Um Himmels Willen, bloß kein Aufwand!, in: Süddeutsche Zeitung Nr. 264 vom 14/15.11.92

134   Nachwort von Walter Kempowski zu Irene Zacharias: Meine sieben Kinder und der Lauf der Welt, 1986 Albrecht Knaus Verlag GmbH, München

136   Zitate, in: Die Abendzeitung vom 11/12.11.89

137   aus: Udo Wetzlaugk: Die geteilte Stadt in einem geteilten Land, in: Informationen zur politischen Bildung Nr. 240/1993, S. 21, Hrsg. Bundeszentrale für politische Bildung, Bonn

141   aus: Renate Feyl: Ausharren im Paradies, Verlag Kiepenheuer & Witsch Köln 1992, S. 425-432

Bildquellen

9   Matthias Müller-Wieferig, Iserlohn

16   Globus-Kartendienst, Hamburg

31   oben: Wolfgang Wiese, Hamburg

42   Satellit Film Gmbh, Starnberg

49   Olaf Plotz, Edition Katzenvilla, Breitenberg

63   WDR / Edgar Reitz Filmproduktion, aus: Die Zweite Heimat, Folge 1 – Hermanns Ankunft in München

79   links: Peer Koop, München
rechts: Süddeutscher Verlag Bildarchiv, München

91   Globus Kartendienst, Hamburg

93   Jupp Wolter, Cartoon-Caricature-Contor, München

100   Gutzeit, Cartoon-Caricature-Contor, München

103   Angelika Hofer, Füssen

105   Viktor Sencov, Moskau

122   Uwe Jacobshagen, Stadtbildstelle Halle/Saale

136   Andreas Schoelzel, Berlin